Mulheres que se amam

VOLUME 3

HISTÓRIAS REAIS DE MULHERES QUE DESENVOLVERAM A AUTOESTIMA E RESGATARAM A FORÇA E A LIBERDADE

EDITORA CHAVE MESTRA

EDITORA
CHAVE MESTRA®

Av. Marcos Penteado de Ulhoa Rodrigues, 1119 – Tamboré, Alphaville – SP,
Ed. Office Shopping Tamboré – andar 21 – sala Chave Mestra
CEP: 06460-040
@editorachavemestra
editora@editorachavemestra.com.br
Acesse: www.editorachavemestra.com.br

Título original em português:
Mulheres que se amam – Vol. 3: histórias reais de mulheres que desenvolveram a autoestima e resgataram a força e a liberdade

Direção editorial: Raquel Medeiros
Coordenação editorial: Bartira Costa Neves
Assistência Editorial: Eloiza Andrade e Larissa Robbi Ribeiro
Revisão: Gabriela Andrade e Híllona Anjos
Diagramação e projeto gráfico: Daniel Marchesani
***Branding* de capa:** Izzo Medeiros

Dados Internacionais de Catalogação na Publicação (CIP)

Vale, Rogério (Organizador)

V149 Mulheres que se amam - volume 3: histórias reais de mulheres que desenvolveram a autoestima e resgataram a força e a liberdade / Rogério Vale (org.) – Barueri, SP: Chave Mestra Editora, 2024. 240 p.: 16 x 23 cm

ISBN 978-65-5496-063-2

1. Desenvolvimento pessoal. 2 Espiritualidade. 3. Vida cristã. 4. Riqueza. 5. Inteligência espiritual. I. Título.

CDD 158.1

Mulheres que se amam

VOLUME 3

HISTÓRIAS REAIS DE MULHERES QUE DESENVOLVERAM A AUTOESTIMA E RESGATARAM A FORÇA E A LIBERDADE

PREFÁCIO

Chegar a terceira edição do livro *Mulheres que se amam* é uma grande conquista. Liderar um movimento desse porte depois de ter tentado contra a própria vida, por sofrer de dependência emocional, é um verdadeiro milagre. Por isso, quero começar dizendo que se eu consegui, você também consegue.

Nunca na história, o ser humano precisou cuidar tanto da saúde emocional. E nós não podemos fingir que nada está acontecendo. Um dos fatores que afeta diretamente a saúde mental da mulher é o seu nível de **autoestima** e **confiança**, que interfere diretamente na sua capacidade de realização, independência, autonomia, pertencimento e valorização perante a vida.

Uma mulher que não se sente capaz de **realizar** e acaba se tornando dependente emocionalmente e financeiramente tem maiores chances de permanecer em relações disfuncionais, por falta de opção. Também são mais vulneráveis para desenvolver problemas de saúde mental, como ansiedade e depressão. Mulheres sofrendo em relações abusivas, dependência emocional, dependência financeira, violência doméstica, depressão, ansiedade, medo, insegurança, procrastinação, que se sentem perdidas depois da maternidade, entre tantas outras dores.

Uma mulher curada das suas feridas emocionais tem forças para romper com padrões de dor e violência no relacionamento. Uma mulher que se sente capaz tem condições de alcançar sua independência financeira e sair de situações de dependência e muitas vezes humilhantes.

Eu sou a Bruna Legnaioli, criadora do Movimento MSA (Mulheres Que Se Amam), que tem a missão de ajudar mulheres que estão sofrendo em silêncio as muitas dores ocasionadas pela baixa autoestima e inteligência emocional.

Depois de sofrer por muitos anos de uma dependência emocional que me levou para o fundo do poço, eu descobri que autoestima se aprende, eu descobri um caminho e não poderia guardar aquilo para mim. A partir da minha cura, nasceu o método Os 6 Pilares da Autoestima.

Milhares de mulheres já passaram por esse método nas minhas mentorias e nos meus treinamentos, e o mesmo Deus que me inspirou com esse método pediu que eu formasse mulheres para aplicá-lo, já que minha voz não chegaria a todas que precisam dele. Hoje, somos centenas de especialistas em Autoestima espalhadas pelo mundo.

Com muita alegria e gratidão, aqui está a terceira edição do livro *Mulheres que se amam*. Nele, 29 dessas especialistas compartilham o quanto elas transformaram suas vidas a partir do momento que escolheram se amar e confiar em si mesmas. Se nós conseguimos, você também consegue!

Mas, antes de seguir, eu não poderia deixar de compartilhar o nosso segredo: vá para a frente de um espelho e diga “Eu escolho me amar, eu escolho confiar em mim”.

Com amor,

Bruna Legnaioli Loureiro

@brunalegnaioli

bruna@vivasuaessencia.com.br

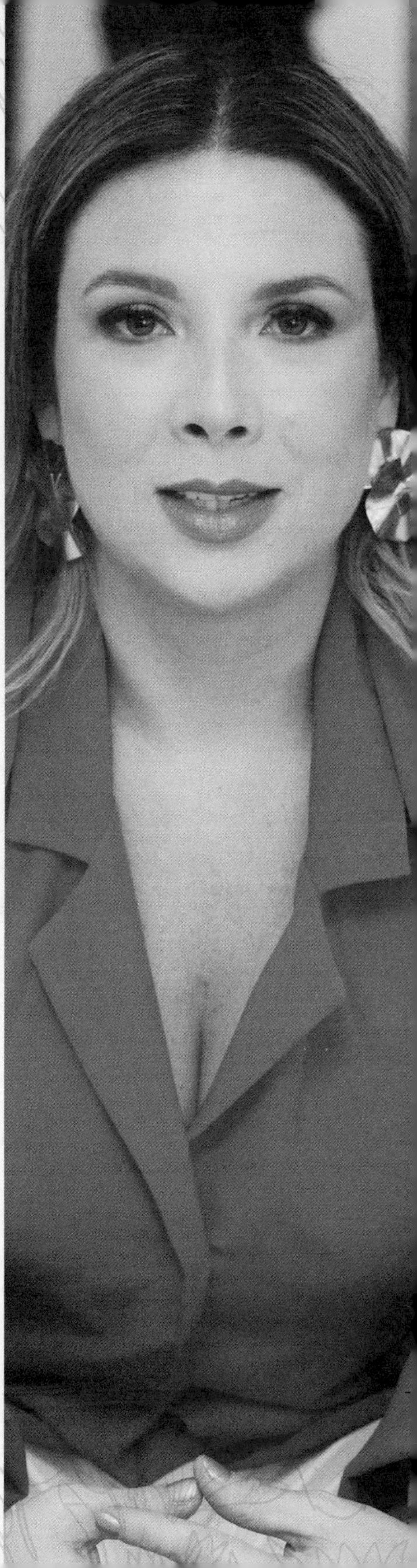

SUMÁRIO

Alcimeri S. Miranda

Sou Alcimeri Savoldi Miranda, tenho 44 anos, apaixonada por Jesus, pela vida e por tudo que ela me proporciona: meus pais e irmãos, meu marido, Marcos, e meus filhos, Eduarda e Felipe. Sou psicóloga, formada pela PUC-PR em 2011, tenho especialização em Avaliação Psicológica, formação em Focalização do Relacionamento Interior e Trauma Psicológico. Proprietária da Dynamis Psicologia Integrada e apresentadora do quadro "O que você precisa saber sobre" na TV Euro News. Também atuo como docente de MBA na UTF-PR, palestrante e mentora de mulheres na mentoria Agora Eu Vejo, que visa a capacitar e despertar o potencial feminino. Adoro falar sobre o que faz nossos olhos brilharem e desfrutar de cafés da tarde com pessoas especiais.

alcimerimiranda
agoraeuvejo
+55 (41) 98486-9329

1 ISSO E AQUILO

Por Alcimeri S. Miranda

Você já se deparou com o conflito de precisar tomar uma decisão em que seu coração desejava uma coisa e a razão pedia outra? Ou já enfrentou emoções conflitantes em relação a um mesmo evento? Talvez até tenha sentido medo de sentir medo ou ansiedade por não poder sentir ansiedade, pois precisaria estar calma.

Esses desafios são comuns em nosso dia a dia e envolvem nossas emoções, sensações e pensamentos, resultando em comportamentos que nem sempre refletem o que realmente gostaríamos de sentir ou fazer. Esses conflitos internos podem gerar sentimentos como culpa, ansiedade, medo e tristeza, fazendo com que fiquemos presas a essas resoluções internas e, se não soubermos lidar com eles, podem afetar nosso bem-estar por meio de sintomas como batimentos cardíacos acelerados, tremores, falta de ar, desânimo, rebaixamento cognitivo, insônia ou excesso de sono. Acredito que talvez essa lista seja familiar para você.

Embora saibamos racionalmente que não precisamos nos sentir dessa forma, as emoções muitas vezes parecem ter vida própria. Elas podem consumir nosso tempo e energia, afetando nosso desempenho em várias áreas da vida. Um exemplo disso é quando estudamos muito para uma prova e, na hora H, temos um branco. Isso ocorre porque não estamos sabendo regular nossas emoções e, em vez de aceitar o que estamos sentindo, lutamos contra essas sensações. Essa batalha interna constante contra sentimentos desconfortáveis nos faz reviver padrões comportamentais e, como forma de proteção, nosso corpo ativa o sistema simpático rebaixando a cognição e resultando em um ciclo repetitivo de frustrações.

Se você se identifica com isso, saiba que você é humana. No entanto, se essas questões estão prejudicando várias áreas da sua vida, acontecendo de forma intensa e frequente, pode ser hora de ampliar seus recursos internos. Tenho algo importante para compartilhar que pode ser a solução que você está buscando: um aprendizado que transformou minha vida e a de centenas de pacientes. Trata-se de uma técnica singela e extremamente eficaz, contida na (FRI) Focalização do Relacionamento Interior desenvolvida por Ann Weiser Cornell e Barbara McGavin, que se chamada Poder do E. É uma grande contribuição para alcançar nosso potencial humano por meio da aceitação radical de tudo o que há em nós. Tenho certeza de que você ficará impressionada com os resultados ao aplicá-la em sua vida.

Você já percebeu que a vida é um equilíbrio dinâmico entre opostos? Sabemos o que é o dia porque existe a noite, sabemos o que é alegria por já termos sentido tristeza e valorizamos a vida porque conhecemos a existência da morte.

Gostaria de fazer um convite para uma experiência prática sobre os opostos: veja se é possível fazer uma pequena pausa levando de forma gentil sua atenção para o seu coração. Observe as batidas dele, escutando o "tuc-tuc" e percebendo cada contração (tensão) e expansão (alívio). Esses opostos não são extremos separados, mas partes interligadas de um ritmo contínuo que molda nossa experiência. A primeira grande lição dessa técnica é que o verdadeiro equilíbrio está na aceitação e na integração dos opostos e não na eliminação de um em favor do outro. Para que estejamos vivas, nosso coração precisa expandir (isso) e contrair (aquilo). Se eliminarmos um ou outro, acabaremos em um eterno "tummmmm".

Para ilustrar a técnica do Poder do E, compartilho a experiência de uma paciente que inspirou este capítulo. Durante uma consulta, ela expressou um desejo profundo: "Como eu gostaria que mais pessoas tivessem acesso a esse conhecimento! Meu ambiente de trabalho seria muito melhor se todos soubessem disso que agora eu sei". Recentemente promovida a um dos cargos mais altos da empresa, ela percebeu que podia sentir entusiasmo pelo novo cargo ao mesmo tempo que experimentava ansiedade e desconforto com as novas responsabilidades.

Foi quando descrevi que eu a ouvia me contar que poderia ter sentimentos distintos a respeito de uma mesma situação e que ela havia percebido que o entusiasmo não precisava eliminar a preocupação, assim como a preocupação não precisava eliminar o entusiasmo. Era possível experimentar "isso" (entusiasmo) e "aquilo" (preocupação) ao mesmo tempo, colocando em prática essa ferramenta amplamente desenvolvida em nossos encontros anteriores.

Ao ouvir a minha própria fala, meu corpo se aqueceu e senti uma respiração profunda que me disse: "**É isso!**". Senti o alívio e a certeza de que havia encontrado o que procurava. Era sobre ela e sobre mim também. Eu estava há dias pensando sobre o que escrever neste capítulo, já havia iniciado duas vezes, mas, a medida em que escrevia, sempre sentia que faltava algo. O primeiro tema foi "Seja" e o segundo foi "Tudo bem ser incrível". Ambos, de alguma forma, falavam sobre a mesma coisa. Neles, eu discorria sobre como me tornei psicóloga, esposa e mãe, mesmo esses não sendo meus projetos de vida iniciais, e como um grave acidente mudou tudo.

Sempre fui uma criança exuberante, até perceber que talvez aquilo não era tão bem aceito assim. Eu me lembro de ouvir muitas vezes a frase: "Menos, Meri". As pessoas adoravam apontar minhas falhas e como eu poderia **ser incrível** com tantos defeitos. Fui me apagando e desenvolvendo um complexo de insuficiência e tinha certeza de que era burra. Felizmente, isso mudou e hoje desperto a potência de muitas pessoas. Quando alguém diz "Eu sou incrível", pode parecer que a pessoa está "se achando", mas a verdade é que só alguém seguro de sua identidade pode apoiar o brilho do outro. Eu sou incrível e tenho certeza de que você também é!

Hoje sei que ser incrível envolve reconhecer e aceitar nossas partes imperfeitas, aquelas que podem não parecer bonitas ou aceitáveis. Podemos ser incríveis exatamente como somos e tudo em nós contribui para nossa singularidade. Quanto mais acolho e integro todas as partes de mim, sem a necessidade de consertar ou eliminar nada, mais forte e segura me torno. Explicar isso em detalhes exigiria mais que cinco páginas, então senti que não era o caminho. Quando o prazo estava se encerrando e eu estava desesperada, fui orar e abri a Bíblia, pedindo a Deus uma palavra. Encontrei Isaías 45:7: "Eu formo a luz e crio as trevas, promovo a paz e crio os conflitos". Uau! Foi nesse momento que percebi que minha escrita deveria explorar os opostos. Embora eu já estivesse considerando isso, só não tinha percebido completamente.

A ideia de que a vida é um equilíbrio entre tensão e alívio é algo que compartilho com todos que conheço. Acredito que a vida traz momentos difíceis seguidos de alívio, e esse ciclo contínuo me molda para ser melhor a cada dia. Foi durante esse atendimento que o nome "Isso e aquilo" surgiu, descrevendo perfeitamente a técnica do Poder do E, a qual descreverei em quatro passos muitos simples e que precisarão de treino por talvez serem contraintuitivos.

Passo 1. Aceitar o desconforto: significa enfrentar emoções como ansiedade, medo ou tristeza sem querer se livrar delas rapidamente. Em vez de escapar, observe como essas sensações se manifestam no corpo e ouça com curiosidade o que elas têm a dizer. Como Eugene Gendlin afirma: "Toda sensação ruim é uma energia potencial para um modo mais 'correto' de viver, se você lhe der espaço para buscar o que é 'certo' (GENDLIN, 2006).

Passo 2. Entender e ampliar os espaços internos: envolve reconhecer e aceitar os opostos sem julgamento ou crítica, dando espaço e tempo suficiente para que ambos possam existir. Um ótimo exemplo aqui é o tempo gasto para assar um bolo e um leitão inteiro, cada situação exigirá de nós um tempo e um espaço suficientes para que o processo se complete.

Passo 3. Integrar em vez de eliminar: muitos pacientes chegam à primeira consulta desejando se livrar de sentimentos desconfortáveis como ansiedade, depressão ou comportamentos explosivos, por exemplo, acreditando que lutar contra eles é a solução. Assim como uma criança com medo precisa de cuidado e acolhimento, nossas emoções também precisam ser aceitas, compreendidas e integradas. Lutar contra ou racionalizar sentimentos só intensifica a dificuldade. Eugene Gendlin (2006) afirma: "Tudo o que está vivo pressupõe o próximo passo. Se aquilo pode viver em mim, então ele pode dar o próximo passo; o que vive muda". Ou seja, é entender que podemos sentir alegria e tristeza por um filho se casar, podemos ter expectativa e medo ao começarmos um novo empreendimento e, até mesmo enquanto estamos frustrados por não termos conseguido uma vaga, podemos celebrar a conquista de quem a conseguiu. Lembre-se: um sentimento não precisa eliminar o outro.

Passo 4. Aceitação radical do todo: envolve integrar e aceitar todas as partes de nós mesmos, assim como um quebra-cabeças precisa de todas as peças para estar completo. Isso significa reconhecer que cada aspecto de nós tem um propósito e que aceitar nossa totalidade não é resignação, mas sim uma condição para mudança real. Como Carl Rogers (1961) destacou: "O curioso paradoxo é que, quando eu aceito a mim mesmo exatamente como sou, então eu posso, eu consigo mudar". Quanto mais eu integro tudo o que há mim, isso e aquilo, mais inteira e incrível eu posso simplesmente ser.

Concluir este capítulo é reconhecer que a verdadeira aceitação de si mesma vai além de meramente concordar com nossas imperfeições ou, então, tentar se livrar delas. Uma mulher que se ama incondicionalmente aceita tanto sua potência quanto suas vulnerabilidades, seus dons e seus talentos, assim como suas falhas. Aceitação não significa abraçar a dor ou manter padrões disfuncionais, mas sim compreender e acolher todas as partes de si. Decidindo mudar com gentileza, ela aprendeu a lidar com **isso** e **aquilo**. Não se trata de conformismo ou resignação, mas de um processo profundo que nos permite integrar todas as partes de nós mesmos. É reconhecer que, uma vez que algo não pode ser alterado por já estar no passado, é mais produtivo focar o presente e utilizar a energia para fazer melhor na próxima vez.

Referências bibliográficas

CORNEL, A. W.; MCGAVIN, B. *The Focusing student's & companion's manual.* Califórnia: Calluna Press, 2002.

GENDLIN, E. T. *Focalização*: uma via de acesso a sabedoria corporal. São Paulo: Gaia, 2006.

ROGERS, C. On *Becoming a person*: a therapist's view of psychotherapy. Nova York: Houghton Mifflin, 1961.

"Quanto mais eu
integro tudo o que
há em mim, isso e
aquilo, mais inteira
e incrível eu posso
simplesmente ser."

Alcimeri S. Miranda

Bárbara Neves

Sou Bárbara Neves, tenho 35 anos e sou natural de Petrópolis/RJ. Mãe do Guilherme e filha amada de Deus, trago comigo a bagagem de uma psicóloga pós-graduada em Neuropsicologia, com *expertise* em autoestima e confiança.

Quero compartilha com você como enfrentei meus medos, minhas dores e meus desafios para me tornar a mulher empática e congruente que sou hoje. Em minha busca pela cura pessoal, descobri que, ao curar a dor do outro, encontrava a cura dentro de mim mesma.

Minha missão de vida é dedicada a auxiliar mulheres a se curarem e se transformarem, empoderando-as a assumirem o controle de suas próprias vidas. Quero ensinar para vocês que o amor-próprio é a base fundamental para qualquer outra forma de amor.

barbaranevespsicologa

+55 (24) 99303-0079

2 AMOR-PRÓPRIO: TRANSFORMANDO VIDAS DE DENTRO PARA FORA

Por Bárbara Neves

Hoje, querida leitora, convido-a a adentrar em um capítulo marcante de uma jornada repleta de superação e transformação, em que o amor-próprio se revela como o fio condutor de uma vida em constante evolução. "Amor-próprio: transformando vidas de dentro para fora" é mais que um capítulo; este é meu convite para uma jornada de autodescoberta e empoderamento. Venha se inspirar e se transformar junto comigo.

Permita me apresentar: sou Bárbara Neves, carinhosamente chamada de Babi, uma jovem que viu sua trajetória ser moldada no interior do Rio de Janeiro, em meio a uma família simples, porém batalhadora.

Apesar dos meus pais serem verdadeiros guerreiros e dedicados trabalhadores, conflitos e brigas faziam parte da rotina em minha casa, não cresci em um ambiente onde o amor era frequentemente demonstrado. A falta desse afeto me fez buscar incessantemente a perfeição para evitar esses conflitos, tornando-me uma jovem que se via inadequada e deslocada no convívio com amigos e conhecidos. O sentimento de solidão e a sensação de não pertencimento eram constantes em minha vida.

Meu irmão mais velho, figura luminosa em meio às sombras, era minha única referência do que era o amor genuíno. Um rapaz alegre, divertido, detentor de um coração generoso que cativava a todos ao redor. Contudo, aos 11 ou 12 anos, enfrentei um dos momentos mais desafiadores da minha infância.

Ingressamos juntos em um curso de Informática, cujo professor e sua esposa conquistaram a confiança da família. Por trás da máscara de bondade, escondia-se um ser vil que somente eu teria o desprazer de conhecer. Sob falsas pretensões e aproveitando-se da confiança dos meus pais e da amizade estabelecida, persuadiram-nos a permitir que nós dormíssemos em sua casa após as aulas tardias.

Foi, então, que teve início um dos capítulos mais sombrios da minha vida. O professor se revelou como alguém desprezível, esperando que todos estivessem distraídos ou adormecidos para tentar abusar de mim. Com coragem e determinação, consegui buscar forças e escapar em diversas ocasiões agarrando-me ao meu irmão protetor (mas que, por vezes, inocente acabava não percebendo o que acontecia ali) ou permanecendo acordada até o amanhecer, para que finalmente eu pudesse sair correndo.

Sou grata por jamais ter sido vítima da vilania daquele homem sem escrúpulos, mas vi meu amor-próprio ser ainda mais abalado pela culpa, pelo medo e pela insegurança decorrentes do trauma vivenciado. Sentia-me incapaz de compartilhar minha dor com alguém, convencida de que ninguém acreditaria nela diante da imagem respeitável do agressor.

O pesadelo teve fim somente quando finalmente consegui persuadir meus pais a me retirar do curso, após inúmeras súplicas e argumentos convincentes. Esse episódio marcante deixou cicatrizes profundas em minha alma, mas também serviu como catalisador para uma jornada interior rumo à reconstrução do amor-próprio e à redescoberta do meu valor como indivíduo único e precioso neste vasto universo.

Mal sabia eu que aquele momento era apenas o início de uma jornada repleta de desafios e superações. Aos 16 anos, vi minha vida mudar drasticamente ao engravidar do meu namorado. Pouco tempo depois, a tragédia se abateu sobre mim com a perda do meu irmão, meu porto seguro, em um acidente de moto. A dor da perda se misturou à angústia da gravidez na adolescência, enquanto minha família desmoronava.

A separação dos meus pais e o fim do meu relacionamento apenas intensificaram a sensação de solidão e desamparo. Em meio ao desemprego e à responsabilidade de ser mãe solteira, pensei em desistir dos meus sonhos. No entanto, a presença brilhante do meu filho me trouxe uma nova perspectiva. Ele se tornou minha luz, meu motivo para mudar.

Foi nesse momento que percebi que o poder de escolha estava em minhas mãos. Decidi que não aceitaria mais uma vida de resignação e infelicidade. Queria ser exemplo para o meu filho, transmitindo-lhe todo o amor que fosse capaz. Assim, dei início à minha jornada de amor-próprio, buscando me amar para poder amá-lo plenamente.

Com determinação, superei obstáculos e conquistei minha estabilidade ao passar em um concurso público. A busca pelo equilíbrio e pela autoaceitação me levaram a me enxergar com novos olhos, a entender minhas dores e a me libertar da culpa que não era minha. Gradualmente, fui me descobrindo como mulher e profissional, fortalecida pela certeza de querer transformar vidas.

A frase "De todos os amores, o próprio" se tornou meu lema, guiando-me na missão de ajudar outras mulheres a encontrarem o amor-próprio. Com essa convicção, busquei especialização em autoestima e confiança, em que aprendi a importância do perdão. Perdoei meu passado, meus pais e a mim mesma, compreendendo que não sou vítima, mas sim uma sobrevivente em busca de cura.

Foram grandes consequências dessas experiências, emocionalmente enfrentei períodos difíceis com muita baixa autoestima e autoconfiança, questionando meu próprio valor e a capacidade de me amar e de ser amada. Eu me isolei, tentando evitar novos abusos e decepções. No entanto, esses desafios me fizeram buscar autoconhecimento. Futuramente, descobri a mulher forte que sempre fui — na verdade, a dor acabou sendo um catalisador para transformação em crescimento pessoal. Essa vivência foi profunda e transformadora.

Eu me vi questionando minha dignidade, merecimento de amor, respeito e estabilidade. Lancei-me no ciclo de estresse, ansiedade, depressão, mas no meio disso tudo encontrei resiliência. Enquanto estudava, buscando incansavelmente transformar minha realidade, não estava mais disposta a passar por tudo isso e por tanta falta de amor-próprio. Foram grandes horas de estudos e busca por autoconhecimento e cura, aprendi a identificar e tratar feridas emocionais que me tornavam vulnerável em todos os tipos de relacionamento.

Nessa minha história de reconstrução e autoconhecimento, não apenas descobri quem realmente sou, mas também abracei com todo amor e respeito o que mereço. Fui além, fiz um pacto comigo mesma: iria me dar todo amor que eu gostaria de receber para depois poder compartilhar esse amor com outras pessoas. Disse para mim mesma que nunca mais ia me abandonar ou permitir que alguém apagasse minha luz.

E por mais que eu passasse por momentos difíceis e me permitisse chorar, ou até me afundar em alguma dor por um momento, eu não iria estagnar naquele sofrimento, teria coragem de me levantar e seguir em frente. Porque eu sou minha própria heroína; eu sou a prova viva de que o amor-próprio transforma e de que não desistir de mim foi a melhor escolha que fiz. Permitir a mim mesma uma nova vida não foi fácil, mas me reestruturei não apenas na minha vida pessoal, mas também na profissional.

Hoje me vejo como uma mulher segura, consciente de seus desejos e capaz de ajudar outras mulheres em suas jornadas pessoais. Sei que o caminho do amor-próprio é contínuo e que enfrentarei desafios que me farão retroceder momentaneamente. No entanto, ao ajudar outras mulheres a descobrirem a sua força interior, encontro minha própria cura mais uma vez.

Deixei de ser a mulher maravilha, aquela que é tão insegura e tem necessidade de se autoafirmar o tempo todo; aquela que cresceu forte e sempre deu conta de tudo; aquela que faz tudo para todo mundo para se sentir amada e aceita; aquela que depende da valorização do outro, porque não sabe se valorizar; aquela que precisa ser perfeita; aquela que não consegue mais confiar nas pessoas.

Agora estou aqui pronta para ajudar você, para ser sua aliada em cada passo dessa jornada transformadora que é a vida. Então se você deseja embarcar nessa jornada incrível de autoconhecimento, crescimento pessoal e amor-próprio, quero que saiba que você não está sozinha; estou aqui para ser o seu suporte e celebrar a cada pequena e grande conquista. Você merece e tem potencial para alcançar todas suas metas, seus sonhos e seus desejos.

Lembre-se de que você é única, incrível, forte e capaz; merece viver uma vida extraordinária. Que minha história seja uma ferramenta de transformação e que, por meio dela, você possa cumprir seu propósito; que você tenha clareza para encontrar seu amor-próprio e evolua sempre. Se precisar, pode contar comigo nessa jornada de autodescoberta.

Não poderia finalizar este capítulo de outra forma que não seja demonstrando minha gratidão ao Senhor, pois, em meio às adversidades da vida, encontrei conforto e força no cuidado incondicional de Deus. Agradeço por cada momento de proteção, por cada bênção recebida e por cada desafio que me fez crescer. Prometo a mim mesma cultivar o amor-próprio e levá-lo para outras mulheres, reconhecendo minha própria luz e valor. Que a gratidão por tudo que recebo e a dedicação ao meu bem-estar sejam minha forma de honrar a presença divina em minha jornada. Que eu possa sempre lembrar que, ao me amar, me cuidar e auxiliar outras mulheres a fazer o mesmo, estou também honrando o amor generoso que vem do Alto.

“De todos os amores,
o próprio.”

Bárbara Neves

Bruna Martini

Sou Bruna Martini, tenho 30 anos. Natural do RS, resido atualmente no PR com a minha família: meu esposo Ronaldo Martini, com quem sou casada há onze anos, e meu filho Benjamin Martini, de 3 anos.

Sou empreendedora, mentora de mulheres e consultora de Imagem. Formada em Design de Moda, Especialista em Autoestima e Graduanda em Coaching e Desenvolvimento Humano.

No decorrer da minha vida, enfrentei grandes desafios. Superei a fobia social e falta de confiança em mim mesma. A menina tímida e insegura, que não abria a boca para nada, hoje, mentora mulheres e faz palestras, com o propósito de ajudá-las a se enxergarem com mais amor.

bru.martinii

+55 (46) 99912-0015

bruna.martini@live.com

3 CONSTRUINDO UMA HISTÓRIA DE AMOR-PRÓPRIO

Por Bruna Martini

Estamos o tempo todo contando histórias. Na maior parte do tempo, essas histórias se passam dentro de nossas cabeças. Temos uma história para cada relacionamento importante: pai, mãe, irmãos, filhos, marido etc. Também temos, histórias para cada situação de nossas vidas. Contamos histórias do porquê somos ou agimos de tal jeito, porque temos o corpo que temos, porque algo deu certo ou errado nas nossas vidas. Quando as coisas vão bem, contamos uma história; quando as coisas vão mal, contamos outra história.

Criamos narrativas para nos justificar, para tentarmos explicar o que sentimos, como nos sentimos e nos comportamos. Muitas dessas narrativas são influenciadas por um olhar infantil, contadas a partir da perspectiva de uma criança que foi machucada, ferida, que era carente de amor e de atenção.

Inúmeras pessoas se sentem limitadas e travadas nos relacionamentos, na vida profissional, nas finanças e até na vida emocional, pois passaram anos da sua vida contando a história de que não eram merecedoras, que não eram capazes, que eram menos que os outros etc.

Por muito tempo, eu vivi assim, de modo limitado e escasso. Mas para você entender melhor, preciso contar um pouco da minha vida. Nasci e cresci em uma família de cinco pessoas, em um ambiente modesto. Meu pai era pedreiro e sustentava a família sozinho. A casa em que eu morava era muito simples. Meu quarto nem porta tinha. Devido às questões financeiras, a maioria das minhas roupas e de meus irmãos eram doadas ou compradas usadas. Tenho vívida a lembrança de uma calça preta de malha que eu usava. Ela tinha furos que foram costurados a mão. Quando chegava em casa, tinha que lavar para usar no dia seguinte com meu tênis prata Dal Ponte.

Na minha casa, tínhamos o básico para viver. Nunca passamos fome, mas nunca tive o privilégio de comer um lanche ou jantar fora. Mas, mesmo diante de toda essa situação, estudei em colégio particular até a 7ª série. Eu e meus irmãos éramos bolsistas e... Eu poderia continuar a história, escrevendo aqui sobre como eu fui favorecida por ter estudado em uma escola privada, mas aí não seria a minha história.

A verdade é que minha experiência não foi nenhum pouco positiva. Sofri *bullying*, violência psíquica, humilhações, intimidações e ofensas verbais por ser diferente e não se enquadrar nos padrões. Além disso, cresci em um ambiente com críticas, gritaria, comparação e violência física.

Tudo isso, além de ter afetado o meu desempenho escolar, marcou e afetou profundamente a minha vida por vários anos. Tive um sério problema de autoimagem. Eu não conseguia ver valor em mim. Cresci com complexo de inferioridade, me desaprovando e rejeitando o tempo todo. Sei que meus pais procuraram fazer o melhor dentro das possibilidades deles e com o que eles tinham. Sou grata por isso. Porém, a Bruna criança não tinha maturidade para assimilar tudo. Quando mudei para uma escola estadual na 7ª série, pensei que tudo seria diferente e melhor, mas na verdade a minha identidade continuou sendo atacada e ferida, agora por outros motivos.

Passei por um período muito difícil, em que cheguei a desenvolver fobia social. Eu me sentia constantemente julgada, não saía de casa e, quando saía, nunca me sentia à vontade, sempre com uma sensação ruim, de inadequação. Eu era extremamente tímida. Tinha fobia de atender telefone, de ir ao mercado, de estar e comer em público. Quando comecei a ter consciência de que aquilo não era normal e que estava afetando negativamente todas as áreas da minha vida, tomei a decisão de sair daquele lugar de dor e sofrimento. Foi a partir desse movimento que Deus me apresentou a mim mesma. Sim, porque até então a visão que eu tinha de mim mesma era a visão do mundo. Deus constantemente me lembrava: "Eu não lhe vejo como você se vê".

Não vou romantizar esse momento e dizer que as coisas mudaram num estalar de dedos. Na verdade, já se passaram longos anos, muitas lágrimas e muita vontade de desistir. Mas hoje eu afirmo que vale a pena pagar o preço para desfrutar de uma vida de paz e harmonia. E assim, como um dia eu tomei uma decisão que mudou a minha realidade, hoje quero encorajar você a sair do seu barco e contar uma nova história sobre si. Vou compartilhar os principais passos que dei, que transformaram minha relação comigo mesma, meus relacionamentos e minha vida profissional.

1. Cresça: além de crescer fisicamente, precisamos crescer emocionalmente e enxergar a vida com um olhar mais maduro e equilibrado. E, para isso, é fundamental curar as feridas da alma, ressignificar acontecimentos e adquirir hábitos saudáveis. Hoje eu percebo que muito sofrimento foi causado, porque eu tinha um olhar infantil sobre mim mesma. Eu ficava contando e recontando a história de que eu era insegura, fraca, limitada, de que eu não ia conseguir, de que a vida era difícil etc. Entenda: você não é o que lhe aconteceu. Você é aquilo que decide ser.

2. Tenha autorresponsabilidade e abandone a autocomiseração: ficar sentindo pena de si mesma nunca fará você avançar, pois toda energia que você tem você gasta se lamentando. Sim, você não é responsável por certas coisas que lhe aconteceram, mas você é responsável pelo que irá fazer com o que lhe aconteceu. Você pode escolher ser refém do seu passado ou usá-lo como combustível para viver uma história extraordinária e com propósito.

3. Mantenha um devocional diário: o relacionamento com Deus é o que vai sustentar você e dar forças para continuar a caminhada. Eu tenho certeza de que sem Deus eu não teria chegado até aqui.

4. Cuide de seus pensamentos e aquilo que professa a respeito de si: absolutamente tudo começa na mente. Os seus pensamentos geram sentimentos, os seus sentimentos geram crenças e essas crenças interferem na forma que você age e enxerga o mundo.

Por isso, crie o hábito de renovar a sua mente e substituir palavras negativas por declarações afirmativas: "Eu posso, eu consigo, eu sou filha de Deus, eu sou vencedora, eu sou inteligente, eu sou amada etc.". Essas foram algumas das frases que eu falava diariamente para mim mesma por anos. As palavras têm poder. Use-as a seu favor. De tanto pensar e falar essas frases, elas se tornaram uma verdade (crença) na minha vida.

5. Saia da sua zona de conforto: só vive uma real transformação quem está disposta a sair do barco. Faça uma lista das coisas que você já sabe que precisa começar a fazer. No meu caso, tive o entendimento que, por mais difícil que fosse, eu precisava me expor e abrir a minha boca. Aliás, pega essa chave aqui: quanto mais difícil é para você fazer algo, mais você precisa fazer. Você não precisa começar dando grandes passos. O importante aqui é se manter em movimento e ser constante.

6. Tenha pessoas que apoiem você: ninguém chega a lugar nenhum sozinho. É importante ter pessoas ao seu lado. O meu marido foi e é meu principal incentivador. Nunca largou a minha mão, nem nos meus piores momentos. Sou muito, mas muito grata a Deus por ter me dado um marido tão dedicado, amoroso e que não mede esforços para me ver feliz.

7. Perdoe os outros e perdoe a si mesma: todo ser humano é passível de erros, inclusive você. Perdoe quem lhe feriu, mas perdoe também a si mesma. O único que de fato pode julgar você não vai condená-la. Ele lhe dá o perdão livremente. Não viva na culpa, ela deixa você sem poder de ação. Seja livre!

8. Pare de se comparar: a comparação faz com que você viva insatisfeita e se rejeitando. Ela coloca você para baixo, pois sempre achará que não é boa o suficiente, que os outros tem uma vida melhor que a sua, e assim você vai se perdendo da sua essência. A comparação só passa a ser algo positivo quando você deixa de comparar a sua vida com a de outras pessoas e passa a se comparar com quem você era anteriormente.

9. Invista na sua imagem pessoal: que mulher que não se sente bem ao se arrumar e colocar uma roupa que a valoriza? Pois bem, esse motivo já seria suficiente para você investir na sua imagem. Mas, além disso, a sua imagem tem o poder de contar histórias sobre você. Antes mesmo de abrir a sua boca, você já está transmitindo uma mensagem a partir das roupas que veste, das cores que escolhe, da forma que arruma seu cabelo. Essas escolhas dizem muito sobre quem você é: suas preferências, seu estilo, seus valores etc. A sua imagem conta se você é uma mulher reservada, criativa, extrovertida, confiável, se está aberta ou fechada para as pessoas e conta até mesmo como está seu relacionamento com você mesma. E aí, qual história a sua imagem tem contado sobre você?

10. Seja inconformada: quando eu estava nos meus piores momentos, eu lembro de pensar: "Eu não quero estar assim daqui cinco anos". Eu tinha consciência de que, se eu não tomasse certas atitudes, o tempo iria passar e eu continuaria no mesmo lugar. Muitas pessoas se acostumam a viver no sofrimento e não vivem o melhor. Não se conforme!

Hoje, compreendo que absolutamente tudo o que passamos na nossa vida pode ter um lindo propósito, se assim permitirmos. Atualmente, atendo e ajudo várias mulheres a construírem uma história de amor-próprio. Consigo compreender muitas de suas dores, suas inseguranças, sua falta de autoestima, porque já estive nesse lugar.

Para terminar, quero lhe dizer que, de todas as histórias, a história mais importante é aquela que você conta para si mesma. Embora você não consiga deletar certos acontecimentos da sua vida, você consegue ressignificá-los. Eu fiz da minha dor o meu propósito de vida. A sua história não precisa ser de sofrimento, ela pode ser uma história linda de superação.

Durante anos contei para mim a história de uma mulher frágil, insegura, fracassada e sem valor. Hoje, a história que eu conto é de uma mulher que aprendeu a se amar como Deus a ama, uma mulher corajosa, segura, criativa, talentosa, comprometida e que sabe para o que foi chamada: curar corações feridos e levar autoestima e confiança para vida de todas as mulheres que Deus me permitir. E, se você é essa mulher, entre em contato. Será uma satisfação ajudá-la.

"A história mais importante é aquela que você conta para si mesma."

Bruna Martini

Camila Meneses

Sou Camila Meneses, natural de Sete Lagoas/MG. Sou casada e mãe dedicada de dois filhos, Antônio e Marcelo. Especialista em autoestima, ajudo mulheres a se conectarem com o seu verdadeiro potencial e a construírem uma vida plena de realização pessoal. Ofereço atendimentos individuais e em grupo, impactando positivamente a vida de muitas mulheres ao longo de minha carreira.

Minha jornada de sucesso começou com desafios que me ensinaram a importância do autoconhecimento e do desenvolvimento pessoal. Acredito que, através do fortalecimento da autoestima, é possível transformar vidas e criar um futuro mais brilhante para todas.

inspirecommila

+55 (31) 99270-1861

camila.menesescf@gmail.com

Camila Meneses

4 RENASCIMENTO: COMO A AUTOESTIMA ME TRANSFORMOU

Por Camila Meneses

Minha jornada começou em Sete Lagoas, uma cidade do interior de Minas Gerais. Cresci na casa do meu avô, com minha mãe e meus irmãos, após a perda precoce do meu pai, que faleceu quando eu tinha apenas 1 ano. A ausência paterna me marcou profundamente, criando um vazio que moldou muitos dos meus medos e inseguranças ao longo da vida. Durante a infância e a adolescência, essas inseguranças se tornaram companheiras constantes.

Minha relação com meus irmãos na infância e na adolescência foi marcada por atritos e discussões frequentes. Acho que, em parte, isso se devia à falta de uma figura masculina em nossas vidas, o que nos deixava inseguros e perdidos em muitos momentos. Havia uma constante busca por afirmação e liderança, que muitas vezes se traduzia em conflitos. No entanto, com o tempo, essa dinâmica mudou. À medida que crescemos e amadurecemos, aprendemos a nos apoiar mutuamente e a valorizar o vínculo único que temos. Hoje, vejo como esses desafios nos tornaram mais fortes e unidos.

Na escola, o fato de ser mais retraída me fez alvo de perseguições e críticas de outras meninas. Eu carregava comigo a sensação de não pertencer, de ser sempre inadequada e solitária. Essas experiências deixaram marcas profundas, moldando minha percepção de mim mesma e reforçando a ideia de que eu não era boa o suficiente. Ao longo dos anos, essas inseguranças evoluíram e me acompanharam até a vida adulta, influenciando minhas decisões e relacionamentos.

Antes de me tornar especialista em autoestima, trabalhei como Coach de Crossfit e Personal Trainer. Durante esse período, meu foco estava quase inteiramente em manter um corpo perfeito, acreditando que essa era a chave para minha felicidade e minha aceitação. Dediquei-me ao extremo, acreditando que a perfeição física me traria a validação e o amor que tanto buscava. No entanto, apesar do físico admirável que construí, faltava-me o mais importante: autoestima e autoconhecimento.

Sem essas bases fundamentais, eu não sabia como estabelecer limites saudáveis em minhas relações pessoais e profissionais. Entrei em um relacionamento que durou sete anos, mas desde o início sentia que faltava algo essencial. A relação carecia de comunicação e maturidade, tanto da minha parte quanto da dele. Eu me sentia presa em um ciclo de expectativas não correspondidas e sonhos não realizados, incapaz de enxergar um futuro ao lado de alguém que não conseguia me compreender completamente. Romper com esse relacionamento foi uma das decisões mais difíceis da minha vida, mas também uma das mais libertadoras.

Quando terminei esse relacionamento, já era uma mulher muito fechada para o mundo. Vivia escondendo as dificuldades que enfrentava, incapaz de pedir ajuda, buscando relacionamentos de forma discreta e evitando abrir-me para as pessoas ao meu redor. Foi um período de profunda introspecção e isolamento, até que conheci o meu amor, que hoje é meu marido. Ele foi uma luz em minha vida, alguém que me ajudou a entender a importância de conversar sobre meus problemas e buscar apoio. Com ele, aprendi a me abrir novamente, a confiar e a encontrar força na vulnerabilidade.

Nosso relacionamento evoluiu rapidamente, com um curto período de namoro, noivado e casamento, uma verdadeira conexão divina. Viajamos, curtimos a vida juntos e logo engravidei do nosso primeiro filho, Antônio. Estava muito feliz e vivia a melhor fase da minha vida ao lado do homem que sempre sonhei. Com uma família abençoada crescendo, vivia intensamente cada momento sem pensar muito nas consequências.

Durante a gravidez de Antônio, engordei 24 kg, mas estava tão feliz que não me preocupei com isso. Contudo, quando ele tinha apenas 8 meses, descobri que estava grávida novamente, dessa vez de Marcelo. Engordei mais 10 kg, e foi após esse período intenso de felicidade e realizações que comecei a enfrentar uma crise pessoal.

Ao me olhar no espelho, não via mais o corpo perfeito que uma vez havia construído. A diferença entre a imagem que eu tinha de mim mesma e a realidade me atingiu com força, quase me levando a uma depressão. Foi um momento de grande vulnerabilidade e autoquestionamento. No entanto, algo dentro de mim percebeu que eu precisava de ajuda. Decidi buscar apoio profissional e, através desse processo, compreendi que não se trata de ter um corpo perfeito.

Após o nascimento dos meus filhos, viver esses dias de crise foi um aprendizado profundo para olhar para mim mesma com mais amor e entender que fases passam e que sempre podemos levar algo bom para nossa vida. Aprendi que as dificuldades podem ser oportunidades de crescimento e que a autocompaixão é fundamental para a cura e o fortalecimento pessoal.

Foi aí que a verdadeira transformação começou. Aprendi que a autoestima vai muito além da aparência física. É sobre aceitar e amar quem realmente somos, reconhecer nosso valor intrínseco e estabelecer limites saudáveis. Com essa nova perspectiva, minha vida começou a mudar de maneira profunda e significativa.

Minha relação com minha família também se transformou. Passei a ser mais presente e emocionalmente disponível, criando um ambiente mais harmonioso e amoroso em nosso lar. O amor e o apoio incondicional de meu marido e meus filhos foram fundamentais para essa jornada de autodescoberta.

A partir dessas experiências, senti um chamado profundo para ajudar outras mulheres a viverem suas próprias transformações. Decidi me especializar em autoestima, oferecendo atendimentos individuais e em grupo, pelos quais criei um espaço seguro para mulheres explorarem suas histórias e descobrirem o poder que reside dentro delas. Através desses encontros, testemunhei inúmeras histórias de superação e crescimento, que reafirmaram minha crença na importância do autoconhecimento e da autoestima.

Um dos momentos mais significativos da minha vida aconteceu durante uma viagem de táxi em São Paulo. Nesse instante, tive uma revelação muito profunda de Deus, que me mostrou que minha história é linda e tem o poder de transformar muitas outras vidas. Deus falou no meu ouvido, revelando tudo o que iria acontecer dali para frente. Ele colocou novas pessoas em meu caminho, deu-me nomes e me guiou. Esse momento ficou gravado na minha memória e sempre será uma lembrança poderosa de que, quando algo é de Deus para sua vida, tudo se alinha de forma perfeita.

Aprendi que a verdadeira força vem de dentro e que, ao nos permitirmos ser vulneráveis, abrimos caminho para a cura e o crescimento. O poder de ressignificar nossas experiências e transformar nossas narrativas é imenso, e isso é algo que busco compartilhar com todas as mulheres que encontro em minha jornada.

Hoje, sou uma mulher realizada em todos os sentidos. Sei do meu valor e estou construindo uma família sólida com a presença de Deus. Amo cuidar do meu lar, do meu marido e dos meus filhos. E, o mais importante, cuido de mim acima de qualquer coisa, pois, estando bem comigo mesma, consigo ser ainda melhor para eles.

Minha missão é clara: ajudar mulheres a se conectarem com seu verdadeiro potencial, mostrando que é possível reescrever suas histórias, independentemente das dificuldades que enfrentaram.

A autoestima é a chave que abre as portas para a autodescoberta e para uma vida de realizações. Compartilhar minha história é uma maneira de inspirar outras mulheres a acreditarem que a mudança é possível e que o amor-próprio é o primeiro passo para um futuro mais brilhante.

Ainda temos que escrever muitos capítulos dessa história e eu tenho muitas mulheres para transformar através do meu propósito. Sei que Deus já preparou um futuro brilhante e ainda vou realizar todos os sonhos que tenho e projetos profissionais com as mulheres que ainda vão passar pela minha vida. É surreal viver tudo isso e entender quando realmente vem de Deus para sua vida.

A jornada continua, com desafios e conquistas, mas agora com a certeza de que o amor-próprio é a base de tudo. A transformação é possível e, por meio do autoconhecimento, podemos encontrar a paz e a felicidade que tanto buscamos.

“A verdadeira
transformação
começa quando
reconhecemos
nosso valor e
nos tornamos
protagonistas
de nossa
própria história.”

Camila Meneses

Carla Fabião

Meu nome é Carla, tenho 45 anos e moro na cidade de São Paulo. Sou casada e tenho duas *pets* que amo muito, Nicole e Amora. A Nicole virou estrela, mas estará sempre dentro de mim.

Sou psicóloga, especialista em Autoestima, Autoconfiança e Autoimagem (consultora de imagem) e empresária na área da moda feminina. Mas nem sempre foi assim... Antes de encontrar o meu propósito de vida, que é ajudar mulheres a se encontrarem e se empoderarem, eu trabalhei em banco durante dezessete anos.

Se você busca melhorar sua autoestima, sua autoconfiança e sua autoimagem, entre em contato comigo que eu posso ajudar você.

carlafabiaopsicologa

carlafabiaostore

+55 (11) 91595-2918

carlafabiaostore.com.br

5 DA ESCURIDÃO À LUZ: MINHA JORNADA EM BUSCA DA AUTOESTIMA

Por Carla Fabião

Eu fui rejeitada no meu parto. Tive um parto traumático e muito difícil, tanto para mim quanto para a minha mãe. Ela conta que sentiu muita dor, foi um parto demorado, nasci de fórceps e quebrei a clavícula no parto... Foi muito complicado mesmo!

Eu acredito que foi aí que começou a minha necessidade doentia em buscar amor nos outros, em tudo e em todos, menos em mim mesma. Não consigo me lembrar da minha infância, mas, pelo que meus pais me contaram, por causa também do meu parto, eu tive muitos problemas físicos e dei muito trabalho na primeira infância. Segundo relato da minha mãe, eu chorei por dois anos sem parar porque nasci com a perna torta e tive que usar gesso por muito tempo, isso devia me incomodar e eu chorava muito.

Quando o meu irmão nasceu, eu tinha 3 anos e a minha mãe fala que eu tive muito ciúmes dele e que fiquei muito tempo sem falar com ela. Foi quando me aproximei muito do meu pai.

Por tudo isso, até a vida adulta eu tive uma relação muito conturbada com a minha mãe. Era uma relação mais de medo do que de respeito. Brigávamos muito, porque ela era muito rígida e eu, muito rebelde. Além disso, como eu era a primeira filha, o meu pai esperou que viesse um menino em vez de uma menina, o que também fez com que eu viesse a ter características de personalidade do masculino, mas isso eu só descobri mais tarde, na minha busca pelo autoconhecimento. Depois vou contar mais para vocês.

Então, na adolescência, eu comecei a engordar, pois comia compulsivamente. Comecei a beber e a fumar também. Eu contava tudo para o meu pai e escondia tudo da minha mãe, mas, quando ela descobriu que eu estava fumando, queria fazer eu engolir o cigarro. Era surreal!

A nossa relação interferia muito negativamente na minha vida, e eu ficava cada vez mais perdida e revoltada. Na adolescência, como ela não me deixava sair, eu corria riscos desnecessários, como fugir de casa meia-noite com as amigas para ir para festas e shows que eu gostava. É claro que depois de um tempo eles descobriram, algum vizinho deve ter achado estranho.

Quando fiquei um pouco mais velha, trabalhei por um tempo na empresa dos meus pais, que também não deu certo, e olha vocês que coincidência da vida, prestei concurso para o Banco Nossa Caixa e fui chamada (a minha mãe era bancária e se aposentou no banco).

Quando entrei no banco, o meu salário melhorou muito e então comecei a gastar muito com roupas, sapatos, bolsas... Enfim, tive muitos vícios para tentar fechar o buraco que havia em mim e o vazio que eu sentia.

Foi então que, com 24 anos, fiz a cirurgia bariátrica, pois eu achava que o problema todo que eu estava passando era por causa do meu peso. Eu achava que ficando magra todos os meus problemas iriam ser resolvidos, que o vazio seria preenchido e que até resolveria os meus vícios e compulsões. Além disso, estava cansada de fazer tantas dietas. Que grande ilusão a minha...

Com a restrição alimentar, a compulsão e os vícios se distribuíram para outras áreas, pois, quando não trabalhamos o nosso cérebro, ele vai distribuir aquela restrição para outro campo, então a minha compulsão por compras, bebidas e cigarros aumentou ainda mais e adquiri outro problema que foi o financeiro. Eu me endividei por causa das minhas compulsões, e olha que eu não ganhava mal! Começaram os empréstimos para pagar cartão de crédito e algumas futilidades... Transformei-me de fora para dentro e, naquela época, não tinha consciência que deveria me transformar de dentro para fora.

Com o passar dos anos e depois de algumas cirurgias plásticas, eu fiquei muito bonita e magra do jeito que eu queria, mas a minha vida só piorava. Além de o vazio ficar cada vez mais profundo, eu me sentia cada vez mais perdida, sem rumo, sem um propósito de vida. Vivia para o trabalho sem ao menos perceber como ele estava me prejudicando e me adoecendo!

Vivi muitas relações tóxicas e abusivas, fui abusada física e psicologicamente por várias pessoas, tanto na minha vida pessoal quanto na profissional. O abuso chegou a ser criminoso e então eu adoeci. Adoeci e tive muitas recaídas por um longo tempo. O mais impressionante de tudo é que eu não percebia nada disso. É claro que eu não me sentia bem, mas eu achava que tinha uma vida normal.

Eu me acostumei com o ruim. Sabe aquela frase: está ruim, mas está bom? Não estava bom, estava péssimo. Realmente não sei como pude deixar chegar a esse ponto.

Foi quando, na pandemia, eu perdi o meu pai para a covid-19. Ele era o meu porto seguro. A nossa ligação era muito forte, e foi aí que eu cheguei no fundo do poço. Hoje, eu tenho a certeza de que, inconscientemente, eu queria me matar. A bebida e o cigarro viraram o meu consolo e a quantidade só aumentava. Comecei a beber todos os dias da semana e dobrei a quantidade de cigarros. O que me segurava era o meu trabalho, sem saber naquela época que também era uma relação abusiva e tóxica. Eu definitivamente não sabia como enfrentar a vida sem o meu pai.

Mas Deus é tão bom e perfeito que, um tempo depois, o meu irmão fez um treinamento de inteligência emocional que transformou a vida dele, então ele insistiu para que eu fizesse também. Eu resisti por um tempo, mas acabei fazendo o treinamento e foi então que eu considero que tive a minha segunda chance na vida.

Depois disso, eu comecei a me transformar de dentro para fora. Parei de fumar e de beber e encontrei o meu propósito de vida, que me fez buscar cada vez mais sobre mim, sobre o invisível que habita em mim e sobre a criança ferida que eu trazia desde o meu nascimento.

Eu descobri que havia muitas feridas que eu carregava desde a infância e que estavam sangrando; que, quando alguém esbarrava, doía muito. Comecei a perceber que eu mesma tinha uma relação tóxica comigo mesma e o que faziam para mim era porque eu deixava e permitia que essas coisas acontecessem. Comecei a entender melhor a relação que tive com os meus pais, perdoei e fui perdoada e a vida ficou mais leve desde então, mas sentia que ainda faltava uma peça no quebra-cabeça.

Abri a minha loja de moda feminina que sempre foi um sonho, comecei a estudar muito e a fazer algumas mentorias até que, em um treinamento de inteligência emocional, eu conheci a especialização em Autoestima e Autoconfiança. Quando vi a Bruna falando sobre o assunto, eu disse a mim mesma: "É isso que está faltando!". Meu Deus, como eu não percebi antes!

Fiz a especialização e percebi que passei por todos os processos que aplico nas clientes, então descobri ainda mais coisas sobre mim. Descobri que eu queria ser perfeita e que isso trazia muito peso para a minha vida, até porque perfeito só Deus, não é mesmo? Então eu vi que o que eu queria era impossível de se ter, tudo ficava muito pesado para mim e até causava a famosa procrastinação e autossabotagem que você que está lendo este livro deve conhecer muito bem.

Percebi também que tudo o que me aconteceu era por causa da minha autoestima e autoconfiança abaladas, que eram muito bem mascaradas com a capa da Mulher Maravilha, em que eu parecia muito autossuficiente, muito competente, independente, que ajudava a todos, menos a mim mesma. Essa capa tem muito a ver com o fato que contei para vocês sobre a preferência do meu pai por um menino, e você até pode se identificar comigo. Quando temos características masculinas mais fortes do que as femininas, saímos do nosso lugar e geralmente ocupamos o lugar do nosso "marido", ou namorado. Você já deve ter ouvido a frase: "Eu sou o homem da casa". Eu também percebi que tinha que trabalhar o meu lado feminino para que o meu relacionamento viesse a melhorar e a ser o que eu esperava.

Desenvolvi o meu lado feminino, aprendi a me amar. Eu floresci...

Eu sou psicóloga e percebi que isso fazia parte do meu propósito de vida. É como dizem: sua dor pode ser a cura que você vai oferecer ao mundo. Eu tenho certeza de que o que tenho para oferecer ao mundo surgiu da minha dor, do meu incômodo interior.

Hoje sou outra pessoa. Muito melhor que ontem e pior que amanhã! Sigo o meu propósito, trabalhando como psicóloga com foco em Autoestima, Autoconfiança e Autoimagem (consultoria de imagem), principalmente com mulheres bariátricas ou que emagreceram muito, além de ser empresária na área da moda. E é só o começo.

Se eu puder dar a você um conselho, seria este: não busque consertar fora para arrumar o que está dentro. Se quiser encurtar o caminho, faça o contrário, comece de dentro para fora. E, se precisar de ajuda, conte comigo. Estou aqui para ajudar você.

"Não tente
arrumar fora para
consertar o que
está dentro. Se
quiser encurtar o
caminho, comece
de dentro
para fora."

Carla Fabião

Danuza Silva

Sou Danuza, de Ouro Preto/MG. Sou mãe de Poliana e Lucas, avó de Carolina e esposa de Guilherme. Sou terapeuta multidisciplinar, orientadora espiritual e especialista em Autoestima e Confiança. Tenho uma paixão enorme por viajar, ler e explorar novos conhecimentos, sempre de coração aberto para o que a vida tem a oferecer. Cresci na roça, enfrentando dificuldades desde cedo, mas fui superando cada obstáculo que encontrei meu verdadeiro eu. Hoje, vivo com felicidade e paz. Ajudar outras mulheres a descobrirem sua própria força e confiança é a minha missão de vida e minha alegria. Sei que é possível, pois eu mesma passei por essa transformação. Cada vitória que celebro com minhas mentoreadas me lembra de que o poder de mudar está dentro de nós.

danuzasilva_

Danuza Silva

6 ALÉM DAS FERIDAS: A VITÓRIA DO AMOR-PRÓPRIO

Por Danuza Silva

Minha história é a de uma mulher guiada pelas mãos de Deus. Apesar de ter nascido na roça e enfrentado uma vida difícil, vi muitos dos meus sonhos se realizarem. Minha história é um testemunho de perseverança, esperança e fé. Nasci em uma fazenda nos arredores de Ouro Preto/MG. Eu era a nona filha de uma família numerosa composta de dez irmãos. A fazenda era linda e bem cuidada pelos meus pais com ajuda de alguns funcionários e filhos, meus pais eram pessoas muito comprometidas com o trabalho. Tínhamos muitas plantações, uma diversidade grande de animais, uma grande área de pastagem onde meu pai criava muitas cabeças de gado. Morávamos em uma casa muito boa para os padrões dos anos 1970, década em que vivi minha infância, com um enorme terreiro na frente da casa, que era usado na colheita de feijão. Tínhamos também um curral, um galinheiro e um moinho de fubá que ficava atrás de uma colina.

Apesar de toda essa abundância material, minha vida era muito difícil devido ao nervosismo e ao consumo excessivo de álcool por parte do meu pai, que era frequentemente agressivo comigo e com todos da família. Era muito doloroso e perturbador para mim vê-lo chegar em casa altas horas da noite, bêbado e dar um show de horrores na cozinha da casa, inclusive agredindo fisicamente a minha mãe. Esses eventos me deixaram marcas difíceis de esquecer.

Minha mãe era uma pessoa de bom coração e fazia o que podia para manter a paz, mas a agressividade do meu pai era constante.

Desde muito pequena tive que carregar o peso das palavras difíceis para uma criança, ouvia que eu era boba, feia, chorona (eu chorava por qualquer coisa), nervosa demais e culpada por coisas que não podia compreender. Ainda pequena já me sentia não merecedora, sem valor ou sem importância. Não me sentia amada. Quando completei 8 anos, me colocaram na escola para ser alfabetizada. Entretanto, a escola ficava muito longe da casa onde morávamos e eu tinha que enfrentar uma longa caminhada de 10 km entre ir e voltar da escola, caminhava a pé por uma estrada de terra, sob sol escaldante, na chuva ou no frio, sem agasalhos e sapatos adequados para proteger os pés.

Aos 12 anos, comecei a estudar na parte da manhã. Eu precisava levantar muito cedo todas as manhãs para conseguir chegar à escola na hora certa, às 7 horas da manhã. Isso era muito difícil, devido à longa distância que eu tinha que percorrer e também por ser franzina, tendo peso e altura incompatíveis com a minha idade.

A escola não tolerava atrasos e, se isso acontecesse, seria obrigada a voltar para casa e estaria sujeita às severas punições do meu pai. Em um dia fatídico, perdi a hora e corri para encontrar meu uniforme que eu esqueci de preparar no dia anterior. Não o encontrando, fiquei desesperada, não podia me atrasar. Lembro-me de uma mesa de madeira na sala de jantar, cheia de roupas que minha mãe tinha pegado no varal no dia anterior. No desespero de encontrar meu uniforme, joguei tudo para cima e um travesseiro caprichosamente acertou um rádio que ficava em cima do armário ao lado da mesa, que caiu, se espatifou no chão e parou de funcionar. Fiquei apavorada e tremendo de medo, sabia o que viria pela frente, iria levar uma grande surra. Encontrei meu uniforme e fui correndo para a escola, tremendo de medo da volta para casa.

Quando cheguei em casa, depois de caminhar quilômetros por um caminho de terra, encontrei meu pai com sua bota preta de borracha, com cara fechada, parecia querer me destruir. Ele me pegou pelo braço, me jogou contra uma mesa, de modo que fiquei sem poder correr. Estava com as pernas bambas, pálida de medo e pavor. Naquele momento, levei a maior surra da minha vida. Fui agredida fisicamente com chutes e tapas no rosto que deixaram o meu corpo dolorido por dias. Cada chute que o meu pai dava contra mim machucava mais a minha alma do que o meu corpo magro e frágil de menina. Com corpo e alma feridos, parecia que todo castigo para mim era pouco, e a partir daí comecei a sofrer com a tortura psicológica feitas pelos outros membros da família.

Uma frase era repetida para mim todos os dias: "Você acabou com o rádio, você é muito ruim, você é muito nervosa, você não merece nada na vida, é culpa sua o rádio estar quebrado".

Fui responsabilizada e humilhada devido às dores que o meu pai sentiu na perna no dia seguinte, devido aos chutes que me deu. Duro demais, mas fui responsabilizada pela dor de um adulto agressivo.

Eu me sentia rejeitada, humilhada, abandonada, culpada e dominada por um sentimento exacerbado de inferioridade, me sentia a menor entre todos os irmãos. Sem nenhuma estrutura emocional, não me sentia parte da família; eu era alguém perdida e sem direção, refém das suas próprias emoções. Fui aceitando como verdade tudo aquilo que era falado sobre mim.

Dessa forma, fui crescendo e sofrendo com timidez excessiva, sem amor-próprio e sem noção do meu valor. Não sabia me amar e me punia sempre, muito agressiva e desrespeitosa comigo mesma. Não aprendi a me amar: eu apenas sobrevivia sem sonhos e sem destino. Triste, angustiada, coração amargurado, cheia de revolta, depressiva e muito nervosa.

Eu me punia de várias formas, inclusive aceitava relações abusivas, era submissa e permissiva, me anulava para agradar. Eu era um turbilhão de emoções, constantemente era humilhada e ouvia que não era dona do meu nariz. Sofria com a dependência emocional e financeira e não conseguia vislumbrar um futuro melhor. Era como se eu tivesse um dono com direito a determinar o meu futuro. Na verdade, eu era apenas uma mulher em busca de amor e aceitação.

Quando cheguei na fase adulta, eu me tratava como os adultos me tratavam quando eu era criança: batia em mim mesma e ficava cada dia mais infeliz e nervosa, chegando a me morder e a esbofetear meu próprio rosto. Tinha muitas ideias suicidas, inclusive chegando a tentar cortar o meu pulso. Eu me sentia indigna e não entendia minhas emoções.

Um dia tive a coragem de dar um basta em toda essa dor, sair de um relacionamento tóxico e tentar uma vida nova, porém eu não sabia viver, não sabia quem eu era e não tinha identidade, pois estava perdida e sem sonhos ou direção. Trabalhava muito duro nos hotéis da cidade. Minha mente era caótica, sempre fazendo escolhas erradas, não conseguia deixar de ser abusiva e desrespeitosa comigo mesma, por isso muitas vezes eu falhei como mãe.

Eu tentava rezar e me aproximar de Deus todos os dias. Rezava e buscava sempre por Ele. No entanto, eu não tinha sucesso, eu não compreendia que a minha relação com o meu pai tinha afetado profundamente a minha relação com Deus. A verdade é que eu tinha medo de que Deus fosse semelhante ao meu pai, o que me impedia de me aproximar dEle com confiança e amor.

Em um dia difícil, enquanto lutava para me aproximar de Deus, fiz uma oração fervorosa e implorei a Ele que guiasse os meus passos para o lugar certo. No dia seguinte, me lembrei do senhor Guilherme, um líder religioso muito respeitado na cidade, conhecido por sua fé, milagres e orações poderosas.

Cheia de fé, esperança e determinada a mudar a minha vida, fui ao grupo de oração do senhor Guilherme. Chegando lá, ele estava pregando e as palavras dele faziam muito sentido para mim. Logo aconteceu a grande virada de chave, quando ele disse: "Você tem valor, você é merecedor! Você é templo do Espírito Santo".

Impactada por suas palavras, voltei o olhar para mim e me perguntei por que me trato tão mal e por que não me cuido, uma vez que sou templo do Espírito Santo. Olhei para as minhas roupas e tive pena de mim mesma. Lembro-me de usar uma sapatilha rosa com o bico furado, a única que eu tinha para calçar. Naquele momento, entendi que tinha muito para aprender e entendi que poderia melhorar e me desenvolver.

Saí daquela capela agradecendo a Deus pelas palavras daquele homem, que penetraram e fizeram morada em meu coração; mal sabia que aquele homem viria a se tornar meu marido. Comecei a me olhar com mais amor e respeito. A partir desse dia, tudo começou a melhorar progressivamente. Mergulhei em leituras em busca de autoconhecimento, foi quando encontrei o livro *Você pode curar sua vida*, de Louise Hay, em que aprendi que a causa de todas as minhas dores estava no fato de não me amar e não perdoar o meu pai. Entendi que todos nós somos vítimas de outras vítimas. Meu pai fez o que pode com o conhecimento que tinha (ele mesmo foi educado por um pai abusivo). Eu o perdoei com todo amor do meu coração. O perdão libertou minha alma de todo aquele mal.

Entendi que merecia ter um curso superior, que era um sonho do passado. Compreendi que as palavras do passado não podiam influenciar o meu presente e me impedir de realizar o sonho de ter um diploma de faculdade e adquirir conhecimento. Fiquei um pouco desanimada por não ter Ensino Médio completo aos 47 anos, mas não desisti. Decidida, me matriculei em uma escola de Ensino Médio e concluí essa etapa. Posteriormente, fiz faculdade de Estética. Pouco tempo depois, encontrei a especialização em autoestima da Bruna Legnaioli, que me trouxe muitas ferramentas práticas de autoconhecimento e com certeza foi uma das melhores coisas que fiz na vida. Hoje sei que o meu propósito de vida é ensinar outras mulheres a se amarem, sei me amar e amo o que faço. Agora sei que mereço o melhor e tenho valor.

Iniciei um novo casamento e sou feliz há oito anos. Minha relação com meus filhos, Poliana e Lucas, é respeitosa e amorosa. Isso só foi possível porque Deus sempre esteve comigo, mesmo que eu não pudesse entender.

Valeu a pena não ter desistido nem de mim nem do amor. Aconselho a todos que busquem Deus, autoconhecimento e leitura. Indico também a leitura do livro *Você pode curar sua vida*, de Louise Hay, que foi um grande divisor de águas para mim. Reconheçam que vocês podem crescer e ser mais na vida. Pratiquem o perdão: perdoem a si mesma e a todos. E lembrem-se de que o amor-próprio desconhece a derrota.

Libertem-se: escrevam tudo o que querem deixar para trás em um pedaço de papel. Digam: "Eu me liberto... (Diga em voz alta o que você escreveu)". Por fim, queimem o papel. Isso é libertador.

"Valeu a pena não
ter desistido nem de
mim nem do amor."

Danuza Silva

Fabi Macedo Sisca

Sou conhecida como Fabi, tenho 47 anos, esposa do Cláudio, filha da Ana Maria e do Luiz Macedo Filho, nascida em Santos/SP, libriana, de temperamento colérico e amante da natureza.

Sou mentora, psicanalista e terapeuta integrativa. Auxilio homens e mulheres no processo de cura e transformação na vida pessoal, mental, profissional e espiritual por meio da cura da criança interior.

Na minha jornada de cura, foi fundamental fazer as pazes com o meu passado, ter meu grande amigão do lado, **J. C. (Jesus Cristo)**, curar a minha criança interior, minhas feridas emocionais, para me tornar a mulher que sou: feliz, segura e autoconfiante.

fabimacedoterapeuta

+55 (11) 97751-7701

terapiaintegrativacomfabi@gmail.com

7 UM NOVO SENTIDO

Por Fabi Macedo Sisca

Em primeiro lugar, quero começar agradecendo J. C. (Jesus Cristo), como eu chamo carinhosamente; sem Ele, nada disso seria possível. Também quero agradecer ao meu casal de amigos e mentores Bruna Legnaioli e Bruno Loureiro, que me presentearam com essa oportunidade de estar entre as trinta mulheres deste livro, contando um pouquinho da minha história.

Sou são paulina, tenho uma filha de quatro patas chamada Atena, a minha gata, meu amor incondicional. Amo café, livrarias, padarias e um bom sambinha. Sou filha única por parte de pai e por parte de mãe tenho duas irmãs mais velhas, Valéria e Eliana, e o meu irmão caçula, Renan. Meus pais se separam quando eu tinha 3 anos e meio para 4 anos. Após a separação, eu ainda fiquei um tempinho morando com a minha mãe e com as minhas irmãs antes de ir morar definitivo com o meu pai e meus avós paternos.

Lembro que a minha mãe tinha que trabalhar e eu ficava com a vizinha e as vezes com a minha avó materna, Cida, porém a minha avó não gostava muito de criança. Escutei algumas vezes a minha avó falando para minha mãe que filhos eram atraso de vida e que eu dançava igual uma negra de senzala. Eu ficava com muito medo de não ver a minha mãe e ficar sem ela.

Eu ouvia muito o meu pai dizer que a minha mãe queria ter abortado e ele não deixou, que eu era arteira, boca dura, desastrada e burra. Sem contar nas feridas emocionais de rejeição e abandono que já haviam se instalado em mim. O que eu jamais poderia imaginar é que o efeito dessas palavras e as minhas feridas emocionais me dariam forças para enxergar um novo sentido na minha vida e que eu teria uma história de superação para contar. Convido você a pegar um café ou um chá e vir comigo nessa jornada de cura. Boa leitura para você!

Tudo começou após a separação dos meus pais, quando a minha mãe começou a namorar o Lula. Meu pai não gostou de saber que eu estava convivendo com o Lula, porque ele não prestava (palavras do meu pai). Com isso, a minha mãe acabou abrindo mão de mim, foi embora viver esse romance e me deixou com o meu pai. Aos 4 anos e meio, mais ou menos, fui morar com o meu pai e meus avós paternos, Alzira e Lulu; eles cuidavam de mim enquanto o meu pai trabalhava. As minhas tias e primas também ajudavam na minha criação, o que gerou uma grande confusão na minha mente e muitas crenças limitantes, pois todo mudo mandava e se metia na minha vida e na minha educação.

Sofri *bullying* na escola até os meus 13 anos. Eu era conhecida como a menina sem mãe e bocão da gelatina Royal e isso me causava muita raiva e dor. Eu me sentia humilhada e triste e a minha autoestima e autoconfiança iam minando a cada dia, pois cresci me achando feia e o cocô do cavalo do bandido.

Lembro-me muito pouco de coisas boas na infância. As poucas que lembro são: a minha avó paterna, Alzira, cozinhava muito bem, fazia bolo, pãozinho de mandioquinha para tomar café e um mingau de fubá com canela maravilhoso que até hoje guardo em minha memória. Todo mundo ia na casa da minha avó - tios, primos e alguns vizinhos - para tomar café com bolo da Alzira.

Lembro que eu brincava muito com a minhas primas e primos por parte de pai e por parte de mãe. A única prima com quem eu brincava e com quem eu tinha afinidade era a Débora; somos bem ligadas até hoje. Eu também tinha muitos colegas na escola e amigos na rua onde eu morava; alguns deles são meus amigos até hoje. Bom, eu não posso deixar de citar a minha melhor amiga, Joseane; nós nos conhecemos quando eu tinha 7 anos e ela, 8 para 9; e lá se vão 40 anos de muita amizade e irmandade. A Jô, como eu a chamo, teve e ainda tem um papel importantíssimo e fundamental na minha trajetória. Nós sempre fomos confidentes uma da outra. Ela sempre me aconselhou muito, sempre me ouviu e inúmeras vezes chorei em seu ombro.

Eis que chego na minha adolescência e essas intromissões das minhas tias e primas paternas foram aumentando. Passei a ser boca dura e respondona com todo mundo, pois eu estava de saco cheio de todo mundo se meter na minha vida. Falavam coisas infundadas e o meu pai acreditava, o que me deixava com muita raiva. Tanto que teve um episódio da minha tia ou prima, não me recordo agora quem foi exatamente, que contou para o meu pai que me viu no carro beijando um homem. Quando eu cheguei em casa, já fui apanhando, meu pai nem me ouviu. Mais uma vez, eu me senti injustiçada e com muita raiva. O tal homem era o meu tio Paulo, que havia me dado uma carona da escola para casa, e eu debrucei em seu pescoço, o abracei e dei um beijo no rosto. Mas meu pai nunca me ouviu, nem acreditou em mim. Ele acreditava em todo mundo menos em mim e isso me deixava puta da vida. Eu apanhei de cinta, com varinha de marmelo, espada de São Jorge e fiquei com as pernas marcadas. Imagina o dia seguinte, ir para escola de saia com as pernas marcadas; foi muito humilhante e o pessoal tirou sarro. Eu jurei que faria de tudo para sair de casa e morar com a minha mãe um dia.

Durante toda a minha infância e adolescência, eu sentia muita tristeza por não conviver com a minha mãe, um vazio que não cabia dentro do peito. Muitas vezes, eu chorava escondida, pois me sentia abandonada, rejeitada e ao mesmo tempo com muita raiva, já que fiquei anos sem vê-la. Eu me perguntava: "Por que a minha mãe não vem me visitar? Por que eu não posso morar com ela? Por que todo mundo tem a mãe por perto e eu não? Por que ela não me liga?". Era angustiante; são inúmeras perguntas que ficaram sem respostas.

Eis que, depois de um tempo, a minha mãe estava de volta a Santos e grávida do meu irmão, Renan. Alguns anos se passaram e me recordo que, aos 11 anos, fiz um acordo com a diretora da Escola Dino Bueno, onde eu estudava, para sair 15 minutos antes da aula acabar e poder ver a minha mãe. Eu corria uns 3 ou 4 km para dar um beijo nela e voltar para porta da escola, pois o meu avô ou alguma tia ia me buscar e eles não podiam saber que eu estava vendo a minha mãe, uma vez que meu pai não queria que isso acontecesse, não sei dizer o porquê. Mas esses 15 minutos eram tudo para mim e foram inesquecíveis. Um parêntese: aos 20 anos, quando eu ajudava meu pai com a mudança dele, descobri algumas cartas que a minha mãe mandou para mim e que meu pai nunca me entregou. Naquela época, fiquei com muita raiva, mas não tive coragem de ler as cartas e hoje elas não existem mais.

Aos 16 anos, comecei a procurar emprego, porque queria sair da casa do meu pai e morar com a minha mãe. Como sempre fui muito determinada, persistente e destemida, consegui emprego e fui morar com a minha mãe. Eu estava radiante, pois eu havia conseguido tudo que eu sempre quis: ter a minha mãe por perto. Foram sete meses de muita alegria, em que pude conviver com ela antes de sua morte. Pois é, agora começa um capítulo de muita dor da minha história: minha mãe faleceu aos 45 anos de aneurisma cerebral, após sete meses morando comigo. Meu mundo caiu. Eu perguntava para Deus: "Por que você fez isso comigo? Logo agora que eu estava tão feliz ao lado dela. Por que o senhor está me castigando?". Aquele vazio que eu sentia em meu peito agora viraria uma cratera sem fim. Foi quando resolvi me matar, porque o sofrimento era muito de não a ver nunca mais. Tentei por três vezes, porque achava que, se eu morresse, eu a encontraria. Estupidez essa minha, mas eu estava tão desesperada que eu faria qualquer coisa para estar junto a ela.

Os anos passaram e eu continuava sentindo uma tristeza. As histórias se repetiram com personagens diferentes e, por mais que eu tentasse mudar o enredo, o roteiro era sempre o mesmo: decepções, relacionamentos rompidos, dependência emocional, medo da rejeição, eu querendo ser o homem na relação, escassez financeira, falta de posicionamento, agressividade, baixa autoestima, abuso psicológico e por aí vai. Com tudo isso, desenvolvi várias crenças limitantes como: casamento e família só são bom em porta-retratos; o amor não existe, é uma ilusão; eu não sou merecedora de sucesso e felicidade; entre outras. Tudo isso me ocasionou várias idas e vindas ao hospital, sendo internada a cada uma semana, até descobrir que eram doenças psicossomáticas, ou seja, da *psique* (mente) e *soma* (corpo), indicando a relação entre a saúde mental e física. Daí o nome "psicossomática".

Precisei ter um câncer para entender que eu tinha que me curar, me perdoar, aprender a me amar, tornar-me autoconfiante, tomar os meus pais no coração e a ressignificar minhas dores para poder seguir em frente. Em 2007, eu pude perceber o agir de Deus mais uma vez em minha vida: ele me colocou de frente a um treinamento de forte impacto emocional, em que tive acesso a minha criança ferida, minhas feridas emocionais, meus traumas do passado, todas as minhas dores mais profundas. Foram três dias que me viraram de ponta-cabeça, mas que mudaram a minha vida e deram um novo sentido.

A partir daí, não parei mais de me desenvolver, sempre estou fazendo cursos e treinamentos e me desenvolvendo emocionalmente, mentalmente e espiritualmente. Hoje, no auge dos meus 47 anos, tornei-me terapeuta e mentora, sou uma mulher mais feminina, mais sábia, mais resiliente, com mais fé em J. C., com autoestima, autoconfiança, apaixonada pela vida e pelo presente maravilhoso que ganhei em 17 de janeiro de 2022, meu maridão, Claudio, meu amor, meu companheiro de vida, meu amigo e minha resposta de oração a J. C.

Eu agradeço às minhas três versões de mim: a minha criança, a minha adolescente e a minha adulta. Sem esse trabalho em conjunto, nada disso seria possível.

Eu quero propor a você uma reflexão: em qual parte da sua história você está parada? O que precisa acontecer ainda na sua vida para você tomar a decisão de mudar? Qual é a data em que você vai dar um novo sentido para sua vida? O mundo lhe trata como você se trata, então você só precisa de uma decisão: **curar-se**. De 0 a 10, quanto você está comprometida com você mesma e com a sua cura? Se você se sente perdida, eu posso lhe ajudar nessa jornada.

Gratidão aos meus pais, à Izilda (mãe do coração), ao meu marido, à minha ancestralidade, aos terapeutas/mentores que tive, aos meus amigos e aos leitores que estão lendo a minha história.

Namastê!

"O que se leva desta vida é a vida que se leva."

Fabi Macedo Sisca

Fabiana Oliveira

Sou Fabiana Oliveira, especialista em autoestima, mentora de mulheres e terapeuta. Paulistana, tenho 46 anos, sou presidente de uma Instituição Afro-Brasileira, fundadora do Conecta Mulher e mestra em Teologia pela PUC-SP.

Como escritora e estudiosa de textos antigos, descobri a força das mulheres do Antigo Oriente e como elas foram sucumbidas pelo patriarcado. Tive a consciência de que era uma mulher sem raízes femininas e distante da minha ancestralidade. Foi nesse momento que iniciei a busca pela minha real missão de vida. Dois anos depois, quebrei os maiores paradigmas da minha vida, me divorciei e saí da posição de uma líder religiosa católica para me tornar uma mulher de candomblé. Hoje, sou a voz das mulheres e das minhas ancestrais.

fabidaafro

+55 (11) 97226-1003

8 TARDE ME AMEI

Por Fabiana Oliveira

No sul da Bahia, em meados dos anos 1970, aos 16 anos, ela se apaixonou perdidamente; era o homem da vida dela. Todos eram contra, mas, por amor, ela fugiu para se casar com ele e viver uma linda história de amor. Aos 20 anos, ainda uma jovem menina, com dois filhos, frutos de um grande amor, mas em um relacionamento tóxico e violento, após ouvir que ele só estava casado com ela por causa dos filhos, ela decidiu partir. Seguiu para uma cidadezinha de São Paulo para recomeçar a sua vida. Em meio a muito amor que ficou pela estrada e com dois filhos nos braços, ela venceu e é a mulher que inspira a minha vida. Essa mulher é a minha mãe.

Cresci ouvindo dela que eu era fruto de um lindo e grande amor. Confesso que isso é o fio condutor da minha vida. O amor sempre esteve em pauta naquela criança negra que precisava enfrentar as adversidades de uma sociedade majoritariamente branca. Na escola, começaram as minhas principais dores: a rejeição pela minha cor e pelos meus cabelos. Também fui uma criança molestada, sofri abusos de pessoas que cuidavam de mim para a minha mãe trabalhar, pessoas que deveriam me proteger; afinal, eu era apenas uma criança. Embora minha mãe fosse um exemplo de fortaleza e muito protetora, eu tive vergonha de contar.

Sozinha e ainda uma criança, eu precisei me blindar para sobreviver a um ambiente tão hostil, no qual uma criança não era capaz de se proteger. Foi a partir dessas trágicas experiências que desenvolvi características que me acompanharam até a vida adulta, quando me tornei uma mulher forte, imbatível, autossuficiente, solucionadora de problemas, dotada de "uma autoestima", uma verdadeira heroína. Não me restando a oportunidade de entender quem eu realmente era, quem eu queria ser e para onde eu queria ir.

A vida me conduziu a caminhos que eu não escolhi, mas que foram impostos por mim mesma. Contudo, eu não tinha consciência disso. Aos 17 anos, enquanto participava do grupo de jovens da igreja, me apaixonei por aquele que acreditei ser o homem da minha vida, meu primeiro namorado, um homem apaixonado por mim. Aquela menina rejeitada tinha agora tinha encontrado um grande amor. Tivemos sonhos, fizemos planos, construímos uma família linda e feliz. Éramos um casal modelo na nossa comunidade religiosa. Eu me casei com a certeza de que somente a morte nos separaria e que o amor tudo suporta, pensamentos esses que nortearam a minha vida e me conduziram a um caminho de total anulação. Já com vinte anos de relacionamento e com todos os motivos para ser feliz, afinal era um casamento próspero, com dois filhos lindos e uma vida de fé na igreja, eu me encontrava presa no pior sentimento que alguém pode ter em sua vida: o desejo pelo suicídio.

Eu havia construído uma vida, mas eu não conseguia me encaixar nela, eu não conseguia me encontrar nela. Eu fazia perguntas que não tinham respostas. Eu olhava para mim e via uma mulher idealizada pelo meu marido e mãe de três filhos, pois o meu marido era o meu terceiro filho. Eu tinha que me doar o tempo todo, entender o tempo todo, atender as necessidades de outras pessoas o tempo todo, mas as minhas necessidades não eram percebidas nem atendidas. Sabe por quê? Porque eu era vista como aquela mulher heroína, poderosa, forte, imbatível, que não tinha necessidades, que só precisava dar o melhor de si, pois, segundo o meu marido, eu tinha em excesso e não precisava receber. Mas a verdade é que eu já estava tão vazia que já não via mais sentido em viver. Nesse ponto, eu preciso dizer que a fé e o temor a Deus me mantiveram viva e me fizeram estar aqui hoje compartilhando a minha história com você.

Eu me tornei uma mulher apática, meu corpo refletiu meus sentimentos ocultos em doenças. Desenvolvi uma doença crônica; a fibromialgia passou a fazer parte de mim. Constantemente, eu era acusada por estar na cama, por não ter ânimo, por não ser uma esposa ativa. Tudo isso ia me destruindo cada vez mais, eu me sentia um estorvo na vida dele e dos meus filhos, e o desejo pela morte ficava cada vez maior. Eu implorava tanto a Deus pela minha cura, para sentir alegria dentro de mim, que Ele me ouviu. Repentinamente, foi colocada diante de mim a possibilidade de uma busca espiritual através de uma religião de matriz africana. Passei por alguns atendimentos, encontrei respostas da minha vida jamais antes respondidas e consegui preencher o vazio que existia dentro de mim e que gritava insistentemente pela minha morte. Desse momento em diante, eu só queria viver, ser feliz com a minha família e descobrir cada vez mais sobre esse caminho religioso que me salvou de mim mesma e me fez encontrar o sentido da minha vida.

Ao reencontrar o sentido da vida, a alegria e a felicidade, me encontrei também com a pior versão daquele que eu acreditava ser o amor para toda a minha vida. Agora eu já não era mais acusada por estar na cama, mas era acusada por estar bem, por estar feliz, por ter encontrado sentido para a minha vida, por ter encontrado um caminho que sempre me pertenceu. Tudo que era apontado em mim como qualidade se tornou defeito, feio e sem valor. Eu não conseguia entender como uma escolha religiosa poderia ser motivo para destruir um amor de 22 anos. O espaço de amor que existia no nosso casamento foi ocupado por um palco de egoísmo e acusações. Mesmo assim, eu lidava com essa situação, afinal eu havia casado com a certeza de que somente a morte nos separaria e de que o amor tudo suportaria. Mas, a cada dia que eu me descobria na minha missão de vida, que eu me reconectava com a minha ancestralidade e que eu impunha os meus desejos, minhas vontades e minha forma de ver a vida, mais a nossa relação acabava. Até que eu consegui entender que eu não era mais a mulher com quem ele havia se casado e que eu não queria mais voltar a ser aquela mulher. Porque aquela mulher não era quem ela realmente era, era quem as experiências da vida determinaram que ela fosse.

Ainda estava sem coragem para colocar um ponto final naquela relação, pois havia muitos conceitos religiosos estabelecidos entre nós. Mas em uma conversa na qual eu me senti a pior das mulheres, eu ouvi a frase que um dia mudou a vida da minha mãe e que agora mudaria a minha: "Eu não te amo mais, só estou com você por causa dos nossos dois filhos". Imediatamente, voltei ao momento da minha infância, enquanto minha mãe trançava os meus cabelos e contava as histórias dela com o meu pai para as minhas tias, e disse para mim mesma: "Eu me amo demais para ficar com alguém que não me ama e só está comigo por causa dos meus filhos". Chorei muito, pois era uma vida, um sonho de viver até a morte ao lado de quem eu havia escolhido para construir a minha família. De repente, vi tudo desmoronar, mas o fim havia chegado, o amor morreu e essa morte nos separou.

Foi então que veio o grande desafio: mudar a minha vida. Renascer para um novo momento, um momento que eu nunca havia planejado, mas com a certeza de que eu precisava me reconstruir e me ressignificar. Nesse período, eu já estava no processo de autoconhecimento, pois participava de algumas mentorias, imersões de mulheres e terapias alternativas. Todo esse conjunto e a força de outras mulheres foram cruciais para que eu pudesse tomar a decisão de quebrar os maiores paradigmas da minha vida: ser uma mulher divorciada e me assumir como uma mulher de candomblé.

E posso confessar uma coisa para você? Essas foram as melhores escolhas que eu fiz na minha vida. Pela primeira vez eu me escolhi. Escolhi o que era bom para mim, o que fazia de mim uma mulher realizada e feliz. Tarde me escolhi e tarde me amei, mas me amei incondicionalmente, sem me preocupar com o que qualquer pessoa poderia pensar. Eu me tornei uma mulher linda, cheia de vida, a melhor filha, a melhor mãe, a melhor amiga, a melhor profissional, a melhor esposa, pois escolhi um novo amor, um amor para a minha vida, que me motiva a ser quem eu realmente sou, que me permite em nossos momentos de casal me desnudar da armadura que preciso usar para enfrentar as adversidades da vida, um amor que está ao meu lado nos momentos mais importantes e especiais.

Hoje sou dona de mim, consciente de todas as minhas dores. Descobri que sou a continuidade das minhas ancestrais, que qualquer movimento que eu faça como mulher é capaz de afetar e libertar todas as mulheres que vieram antes de mim. Minhas ancestrais são mulheres negras, escravizadas, trazidas à força para esta terra; delas foi roubado o direito de escolha de liberdade, foram realizadoras de desejos masculinos, foram violentadas e abusadas emocionalmente, espiritualmente e sexualmente. E hoje a minha consciência, as minhas decisões e os meus movimentos foram capazes de libertar todas elas, de libertar a minha filha e as minhas futuras gerações.

Eu fiz uma grande jornada; trilhei um longo caminho, um caminho profundo e intenso; revisitei as minhas dores, as dores das mulheres da minha família; quebrei paradigmas para me escolher e me amar. E hoje estou aqui para dizer a você que é possível e que é muito mais fácil se você estiver acompanhada de outras mulheres que também já fizeram essa jornada.

Você me importa, todas as mulheres me importam e eu posso conduzir você a lugares que eu já fui, a caminhos que já percorri e fazer você sair de lá uma mulher curada e vitoriosa, porque, se eu consegui, você vai conseguir também.

Eu posso garantir a você que se escolher é a melhor decisão que você pode tomar na sua vida e se amar é a melhor escolha que você pode fazer todos os dias. Amar-se é honrar a sua ancestralidade, é honrar cada mulher que veio antes de você, é libertar toda a sua linhagem feminina, é ser a causadora da transformação e potencializadora do amor feminino, que é a nossa única oportunidade de cura.

Hoje, curada pelo amor que eu sinto por mim, eu estou aqui à sua disposição, pronta para retribuir todo o amor da energia universal feminina que reverbera em mim para honrar você, a sua história e a sua jornada. Olhe a minha vida, se inspire e ressignifique a sua história.

"Amar-se é o
maior movimento
para honrar a sua
ancestralidade
feminina, é libertar
cada mulher que
veio antes de você,
é potencializar
a cura."

Fabiana Oliveira

Glaucia Santos

Sou Glaucia Santos, natural de Taubaté/SP, onde resido com minha família. Sou mãe do William, da Nathalia e da Giovanna, divorciada e atualmente estou me permitindo viver o amor que mereço com Jehad, uma pessoa que conheci em um elevador e que reencontrei, também em um elevador, depois de 25 anos. Minha trajetória me conduziu a situações de dependência emocional e, depois de uma busca constante de me reconectar, eu conquistei a minha liberdade plena. Desde então, transformei minhas lutas pessoais em um propósito de vida: ajudar mulheres a superar situações semelhantes. Hoje, como mentora e terapeuta de mulheres, utilizo minhas experiências e meus conhecimentos para apoiar na reconstrução de sua autoestima e confiança. Dedico-me a ressignificar traumas e feridas emocionais, auxiliando em seu processo de cura e transformação.

Acredito profundamente que toda mulher merece se amar e ser amada, encontrando sua verdadeira essência e potencial. Este capítulo é dedicado a todas as mulheres que buscam a transformação e a liberdade em suas vidas.

Para saber mais sobre meu trabalho ou entrar em contato comigo:

souglauciasantos
+55 (12) 99715-5876
+55 (12) 99183-8521
glauciasantosterapeuta@gmail.com
Glaucia Santos

9 DA DEPENDÊNCIA À LIBERDADE

Por Glaucia Santos

A dependência emocional é uma armadilha que aprisiona muitas mulheres, impedindo-as de viver de forma plena e autêntica. Essa dependência geralmente surge em um relacionamento tóxico, em que a autoestima e a confiança são gradualmente corroídas. O medo da solidão e do abandono e a falta de autovalorização mantêm muitas mulheres presas a situações prejudiciais, comprometendo não apenas o bem-estar emocional, mas também a saúde física e mental. No início, a dependência emocional pode parecer insignificante, com pequenos sacrifícios feitos em nome do amor. Porém, com o tempo, essas concessões se acumulam, resultando em uma perda gradual de identidade e autonomia. Mulheres que sofrem de dependência emocional frequentemente se veem incapazes de tomar decisões por conta própria, tornando-se excessivamente dependentes do parceiro para validação e segurança emocional. E, com o tempo, acabam tornando-se 100% dependentes, até mesmo financeiramente.

As consequências da dependência emocional são profundas e variadas. Mulheres em relacionamentos tóxicos frequentemente sofrem de ansiedade, depressão e um sentimento esmagador de desamparo. Elas podem perder a capacidade de tomar decisões independentes e desenvolver uma visão distorcida de seu próprio valor. A longo prazo, essa dependência pode levar a sérios problemas de saúde. Além dos impactos emocionais e físicos, a dependência emocional pode prejudicar outros aspectos da vida, como carreira, relacionamentos familiares e amizades. Mulheres emocionalmente dependentes podem evitar oportunidades de crescimento profissional por medo de desagradar o parceiro e podem se isolar de amigos e familiares que tentam oferecer apoio ou conselhos.

O caminho da libertação, a jornada da dependência à liberdade é desafiadora, mas profundamente transformadora. Ela começa com o reconhecimento do problema e a aceitação de que mudanças são necessárias. Aqui está um guia com o passo a passo para iniciar essa transformação:

1. Reconhecimento e aceitação: o primeiro passo é admitir que você está em um relacionamento dependente e aceitar que mudanças são necessárias. Este reconhecimento pode ser doloroso, mas é essencial para o crescimento. Quando comecei a perceber os padrões prejudiciais em meus relacionamentos, senti uma mistura de alívio e medo. Alívio por finalmente entender o que estava errado e medo do desconhecido que vinha com a mudança. No entanto, a aceitação de que eu precisava mudar foi um ponto de virada em minha vida. Nesse momento de fraqueza e insegurança, ao olhar dentro dos olhos dos meus filhos, encontrei a força que eu tanto precisava para seguir em frente.

2. Busca por ajuda: não hesite em procurar ajuda profissional. Terapeutas e conselheiros podem fornecer apoio e ferramentas para lidar com a dependência emocional. Além disso, grupos de apoio oferecem um espaço seguro para compartilhar experiências e obter encorajamento. Buscar ajuda profissional foi uma das melhores decisões que tomei. Inicialmente, relutei em procurar terapia por medo do julgamento e por vergonha. No entanto, ao encontrar uma terapeuta especializada em dependência emocional, comecei a entender as raízes dos meus comportamentos e a desenvolver estratégias para superá-los. Além disso, os grupos de apoio foram fundamentais para minha recuperação, oferecendo um espaço seguro para compartilhar minhas experiências e receber apoio de mulheres que enfrentaram desafios semelhantes. Então, fui me preparando, cuidando do meu emocional para me fortalecer, me sentir segura para decidir por mim e sustentar minha decisão.

3. Autoconhecimento: dedique tempo para se conhecer melhor. Identifique suas forças, suas fraquezas, seus medos e seus desejos. Esse autoconhecimento é fundamental para reconstruir a autoestima. O processo de autoconhecimento foi transformador. Por meio da terapia e da introspecção, comecei a explorar minhas emoções, medos e desejos. Identifiquei padrões de comportamento que perpetuavam minha dependência e trabalhei para desenvolver uma imagem mais positiva. Esse autoconhecimento foi crucial para reconstruir minha autoestima e confiança, pois o que eu pensava sobre mim era exatamente o que diziam e achavam de mim. Fui acreditando, cultivando e me sentindo cada vez mais inferior às outras pessoas.

4. Estabelecimento de limites: aprender a dizer "não" e estabelecer limites saudáveis é crucial. Isso ajuda a proteger sua energia emocional e a evitar a repetição de padrões prejudiciais. Aprender a estabelecer limites foi um desafio, mas foi fundamental para que eu me recuperasse. Comecei a praticar dizer "não" e a expressar minhas necessidades de forma assertiva. Assim, pude perceber que o "não" para alguém era um "sim" para mim. Estabelecer limites saudáveis foi um passo importante para recuperar meu senso de autonomia e segurança emocional. Dizer "não" com consciência é libertador.

5. Cuidado pessoal: invista em seu bem-estar físico e emocional. Pratique atividades que você ama, cuide de sua saúde e reserve tempo para relaxar e recarregar. O cuidado pessoal se tornou uma prioridade em minha vida. Comecei a praticar atividades que me traziam alegria, como yoga e dança, e a cuidar da minha saúde física por meio de uma alimentação equilibrada e exercícios regulares. Separar um momento para descansar e me reconectar foi vital para manter meu bem-estar emocional. Essas práticas de autocuidado me ajudaram a construir uma vida mais equilibrada e satisfatória.

6. Construção de uma rede de apoio: cerque-se de pessoas que apoiam e incentivam você. Amigos e familiares positivos podem fazer uma grande diferença em sua jornada de libertação. A construção de uma rede de apoio foi essencial para minha recuperação. Durante todo o processo pude contar com amigos e familiares, que foram meu porto seguro. E essas relações positivas foram fundamentais para meu processo de libertação. Aprendi a me apoiar em minha rede de confiança e a buscar encorajamento quando necessário.

A liberdade emocional me permitiu viver uma vida leve e tranquila, alinhada com meus verdadeiros desejos e valores.

Minha história de inspiração

Ao longo da minha vida, enfrentei muitos desafios que considerava insuperáveis. A maternidade aos 16 anos me obrigou a amadurecer; experienciar o ato de maternar tão nova e com tantas responsabilidades me tirou do foco de construir uma identidade sólida como mulher. Ser mãe é a maior das experiências que uma mulher pode viver, é extremamente transformador gerar uma vida e moldá-la com muito amor e cuidado. Foi a maior das bênçãos que poderiam me acontecer; conhecer a força do amor incondicional por um filho tão nova mudou minha vida.

Com a falta de autoconhecimento e, por vezes, de maturidade emocional, me envolvi em relacionamentos em que meu valor era constantemente questionado e minha autoestima, corroída. A dor e a frustração me levaram a um ponto em que precisei fazer uma escolha: continuar presa ao medo ou buscar minha liberdade.

Diante de tantos obstáculos, precisei tomar uma decisão. Toda escolha exige muita reflexão e responsabilidade, eu precisava me resgatar e reconhecer a menina-mulher que por tanto tempo foi negligenciada e desrespeitada. Entender a toxicidade dos gatilhos que eu vivenciava desencadeou o fim do meu relacionamento de vinte anos, sendo o primeiro passo de um longo e transformador processo de autocura.

Decidi buscar ajuda e investir tempo e energia na minha evolução pessoal. Foi uma jornada longa e profunda, mas cada passo me aproximava mais da liberdade que eu tanto desejava para cessar essa dor e esse sofrimento que eu sentia. Através da terapia, dos grupos de apoio e do suporte essencial e fundamental dos meus pais, que nunca me deixaram só, decidi me escolher e me libertar do relacionamento que já não fazia mais sentido nenhum. A partir disso, comecei a reconstruir minha vida.

A minha cura me fez enxergar a coisa mais preciosa de todo o processo: as pessoas que amo, que nunca pensaram em desistir de mim. Em especial, meu pai, que sempre foi o maior dos exemplos de homem e ser humano, dono do coração mais lindo que já conheci nesse mundo. Meu pai Anésio, meu anjo da guarda, nunca deixou de me enxergar como a menina dos seus olhos, me ensinou, com a minha mãe Maria Benedita, tudo que eu valorizo na vida, desde as coisas mais simples. E é graças a eles que eu sou a mulher que sou.

Hoje, ajudo outras mulheres a encontrarem essa mesma liberdade emocional, oferecendo todo o apoio e orientação que possam precisar em suas jornadas pessoais. Minha jornada da dependência emocional à liberdade me ensinou que nada acontece por acaso. Deus colocou em minha vida um propósito maior e é com essa força que ajudo outras mulheres a encontrarem seus caminhos. A transformação é possível para todas nós, independentemente de quão difíceis sejam nossas circunstâncias.

Agora, convido você a dar o primeiro passo em sua própria jornada de autocura e libertação. Reconheça a sua situação, busque ajuda e comece a reconstruir sua vida. Você merece viver uma vida plena, livre de qualquer dependência emocional e repleta de amor-próprio e confiança. Se você precisar de um apoio ou orientação, entre em contato comigo. Juntas vamos trilhar um caminho de cura e transformação!

"Além da dependência: a jornada para a reconexão com sua essência."

Glaucia Santos

Kely Paes

Meu nome é Kely Paes, sou de Curitiba/PR, onde vivo com meu esposo, Célio Paes, com quem sou casada há vinte anos, e nossos filhos, Brunna Paes e João Lucas Paes.

Sou parapsicóloga, hipnoterapeuta, escritora, mentora e especialista em autoestima e confiança. Com mais de três mil horas de atendimento individual e em grupo, ajudo centenas de pessoas a melhorar sua saúde física, mental e emocional, trazendo qualidade de vida e autoestima. Atuei como técnica de enfermagem por vinte anos, sempre apoiando e buscando o melhor para cada paciente. Para chegar até aqui, superei grandes desafios e venci muitos traumas, provando que o autoconhecimento e a vontade de transformar vidas fazem toda a diferença.

kelypaes

kelypaes.com.br

kelypaes@kelypaes.com.br

10 SUPERAÇÃO E AUTODESCOBERTA

Por Kely Paes

Kely Paes, uma profissional exemplar, dedicou sua vida ao cuidado e bem-estar de seus pacientes como técnica de enfermagem e de seus clientes como terapeuta. Uma mulher sonhadora, alegre e destemida, que sempre enfrentava qualquer situação em busca de suas vontades. Mas essa história começou bem antes e de uma maneira diferente.

Tenho muito orgulho em dizer que venho de uma família simples. Meus pais sempre trabalharam muito para manter o sustento da casa e posso dizer que nunca nos faltou nada. Por muito tempo, meu pai trabalhou fora da cidade onde morávamos. Quando estava em casa, sempre se dedicava à construção da nossa casa, um projeto que durou muitos anos. Com meu pai fora, minha mãe carregava o peso dos afazeres domésticos, do trabalho e das demandas minhas e de minha irmã. Ela era a fortaleza que nos mantinha unidos e organizados, mesmo diante das adversidades. Lembro-me muitas vezes de minha mãe trazer o lanche que ganhava na empresa para mim e minha irmã. Ela me ensinou a valorizar cada pequena conquista, a ser grata pelo que eu já tinha e a lutar pelo que eu queria.

Para a minha mãe chegar ao trabalho, nós tínhamos que sair muito cedo, muitas vezes ainda no escuro. Eu e minha irmã sempre reclamávamos: era o frio, a correria logo cedo. Lembro-me de caminhar com minha mãe pelas ruas escuras, segurando sua mão com força, enquanto tentávamos espantar o sono e o cansaço.

Minha mãe, mesmo exausta, sempre tinha um sorriso no rosto. Ela não precisava dizer nada para nos motivar, pois suas ações demonstravam que o sacrifício de hoje seria a base de um futuro melhor. Suas atitudes ficaram gravadas em mim e me acompanharam ao longo da vida.

Anos mais tarde, com a chegada do meu irmão e com condições um pouco melhores, acrescentou ainda mais amor à nossa dinâmica familiar. E minha mãe continuou sendo a rocha que nos sustentava, enfrentando cada novo obstáculo com coragem e determinação. Através do carinho com meu irmão, ela nos ensinou o verdadeiro significado do amor incondicional. Suas ações diárias mostravam como o amor e a dedicação podem transformar vidas e criar laços eternos.

Minha primeira infância foi marcada por momentos preciosos com minha avó materna, uma pequena grande mulher que sempre me compreendia e acobertava minhas traquinagens. Ela tinha um sorriso largo, cabelos encaracolados, olhos azuis e uma estatura de, no máximo, 1,50 m. Os momentos simples, como passear de ônibus ou se sentar em um banco de praça, deixaram lembranças indeléveis. Minha avó era minha confidente, minha cúmplice nas brincadeiras e a pessoa que me fazia sentir especial. Ela me ensinou a importância do amor incondicional e da paciência. Sempre que eu me sentia triste ou frustrada, corria para os braços da minha avó, no qual encontrava conforto e segurança.

Contudo, minha infância não foi apenas de alegrias. Enfrentei *bullying* e chacotas devido à minha baixa estatura. As comparações e apelidos, como "pintor de rodapé" e "anão de jardim", deixaram marcas profundas. Na escola, eu era frequentemente alvo de risadas e piadas de mau gosto, tanto de colegas quanto de professores. Lembro-me de um episódio particularmente doloroso quando, na 5ª série, fui convidada a me retirar da escola porque, segundo a direção, ali não era lugar para mim, devido minha pequena estatura. As palavras cruéis ressoavam na minha mente, e eu me sentia cada vez menor e insignificante. Esse episódio marcou profundamente minha vida. Mesmo terminando o Ensino Médio aos 17 anos, eu acreditava que não era boa o suficiente para seguir em frente, que nunca seria capaz de alcançar grandes coisas na vida, principalmente em uma sala de aula.

Minha mãe sempre tentava me consolar dizendo: "Kely, nos menores frascos de perfumes estão as melhores essências". Contudo, essas palavras nem sempre amenizavam a dor. O sentimento de inadequação me acompanhava constantemente, afetando minha autoestima de maneira devastadora. Eu me perguntava por que era tão diferente, por que não conseguia ser como as outras crianças. Sentia que minha baixa estatura era uma barreira intransponível, algo que sempre me impediria de ser verdadeiramente feliz e realizada.

Esses desafios não ficaram na infância. Quando comecei a trabalhar, primeiramente com trabalhos informais, tinha apenas 12 anos, contra a vontade de minha mãe, que temia que me enganassem. Mas minha avó, aquela pequena grande mulher, conversou com minha mãe até ela aceitar.

Aos 17 anos, consegui meu primeiro emprego formal. Novamente, enfrentei preconceitos devido ao meu tamanho, mas com o apoio da minha mãe provei que era capaz. Sempre fui uma profissional dedicada. Quando finalmente consegui fazer um curso técnico de enfermagem, que era meu sonho, antes mesmo de terminar, já havia sido promovida na clínica onde trabalhava. Minha trajetória na enfermagem foi marcada por reconhecimentos e promoções, mas sempre sentia que faltava algo. Em cada emprego, eu era elogiada pela minha dedicação e competência, mas, dentro de mim, havia um vazio que nada parecia preencher.

Casei-me aos 20 anos e enfrentei um divórcio difícil após três anos, mas isso me trouxe valiosos aprendizados. O término do casamento foi um período de grande turbulência emocional. Havia dias em que eu sentia que não conseguiria seguir em frente, que as dificuldades eram grandes demais para serem superadas. No entanto, também foram nesses momentos que descobri uma força interior que eu não sabia que possuía. Por meio de muitas lágrimas e reflexões, percebi que precisava seguir em frente, por mim mesma e pelos sonhos que ainda queria realizar.

Mais tarde, encontrei o amor verdadeiro, meu atual esposo, Célio, com quem estou casada há quase vinte anos. Nossa relação, construída com amor e apoio mútuo, me fortaleceu ainda mais. Tivemos atritos e dificuldades financeiras, chegando ao ponto de não termos o que comer e, para completar, eu estava grávida da minha primeira filha. Mas posso dizer que o amor sempre prevaleceu.

Buscamos ajuda quando não conseguíamos lidar sozinhos e, hoje, após quase vinte anos de casados, sei que ele é o amor da minha vida. Célio sempre esteve ao meu lado, incentivando meus sonhos e ajudando a superar minhas inseguranças. Juntos, construímos uma família linda com nossos filhos, Brunna e João Lucas, e enfrentamos cada desafio com união e coragem.

Meu trabalho na clínica durou ainda muitos anos. Com quinze anos de casa, fui convidada a administrar. Que orgulho! Aceitei a proposta e foram mais cinco anos à frente da administração, em que sempre era incentivada a continuar os estudos. Comecei algumas graduações, mas sempre parava no meio e sempre um pensamento me sabotava: "Acho que isso não é para mim". Cada desistência era um golpe na minha autoestima. Sentia-me cada vez menor e incapaz, refletindo na forma como eu me via e me relacionava com o mundo. Lembro-me de cada tentativa frustrada de cursar uma graduação, de como me sentia envergonhada e derrotada ao me perguntarem "Qual é a sua graduação?". Parecia que os fantasmas do passado voltavam para me assombrar, fazendo-me acreditar que eu nunca seria capaz de alcançar meus objetivos, especialmente no âmbito acadêmico.

No final de 2018, resolvi que 2019 seria diferente, não queria mais sentir aquele vazio. Tirei férias e, ao voltar, decidi que iria sair da clínica, sem nenhuma perspectiva de outro trabalho. Planejava tirar um ano sabático, mas o destino tinha outros planos.

Em abril de 2019, finalizei quase vinte anos de dedicação à clínica, com algo novo pulsando em meu coração. Apenas um mês depois conheci a aromaterapia, uma terapia integrativa que me encantou pelo cuidado natural. Quando consegui ajudar meu filho, que sofria de um problema gastrointestinal que nenhum médico havia resolvido, percebi que tinha encontrado um caminho. Comecei a estudar aromaterapia e o estudo estava sendo muito prazeroso. Na sala da minha casa, iniciei atendimentos, ajudando muitas pessoas. Isso me abriu portas para estudar muitas outras terapias integrativas, levando-me ao tão esperado curso de Parapsicologia, algo que conheci em 2014, mas nunca havia me sentido capaz de fazer.

O curso de Parapsicologia foi um divisor de águas na minha vida. Durante dois anos e meio, enfrentei medos e inseguranças. Cada módulo revelava algo novo sobre mim mesma e eu passava a entender os demais familiares. Descobri a origem dos meus sentimentos de rejeição e inferioridade, compreendendo como meu subconsciente havia sido moldado. Cada descoberta era libertadora, fortalecendo-me a cada dia.

Aprendi a importância do autoconhecimento para superar barreiras internas. As sessões práticas me permitiram aplicar os conhecimentos em mim e nos outros. Vi transformações não apenas em mim, mas também nas pessoas que eu ajudava. Cada pequena vitória era uma prova de que eu estava no caminho certo.

Hoje, transformando a vida de muitas mulheres, percebo que todos enfrentamos desafios. Minha jornada de autoconhecimento e superação mostrou que a chave está em como nos colocamos diante de nossos desafios. Cada obstáculo me fortaleceu, preparando-me para ser a mulher que sou hoje.

Durante os atendimentos, vejo mulheres enfrentando muitas batalhas internas. Encontro-me em muitas delas, compreendendo suas dores e suas lutas. Com muitas compartilho partes de minha história, como alguém que já esteve naquele lugar. Isso cria uma conexão profunda e confiança mútua, essencial para a transformação.

A Parapsicologia me ensinou que dentro de cada um de nós existe uma força imensa, um potencial inexplorado esperando para ser despertado. E se para aquela menina, que não sentia capaz de alcançar grandes frutos, nem mesmo de ler um livro, hoje, além de diversos cursos, torna-se também escritora, ajuda mulheres a descobrir sua verdadeira essência, libertando-se de crenças limitantes e abraçando sua grandiosidade.

Por isso, não se faça pequena! Acredite no seu real tamanho. Dentro de você reside uma grandeza que desafia limites e inspira o mundo. Você é gigante!

“Não se faça pequena! Acredite no seu real tamanho. Dentro de você, reside uma grandeza que desafia limites e inspira o mundo. Você é gigante!”

Kely Paes

Lorena Schio

Meu nome é Lorena Andrade S. Schio, nascida em Goiânia/GO. Vim com minha mãe e meu irmão para Bahia há vinte anos, onde conheci meu esposo. Juntos, construímos nossa amada família, com três lindos e amados filhos.

Sou formada em Psicologia há dezesseis anos, atuando inicialmente na clínica. Em seguida, optei por me dedicar ao maternar, sem deixar de estudar e adquirir conhecimento.

Retomei os atendimentos clínicos há seis anos e hoje tenho mais de oito mil horas de atendimentos. Com a grande demanda pessoal e profissional, pude perceber o quão desafiador é o universo feminino materno, superei enormes desafios, como o *burnout* materno, e resolvi me aprofundar no autoconhecimento, me tornando especialista em Autoestima para, assim, ajudar as mulheres a serem elas em todas as esferas da sua vida.

lorenaandradeschio

11 DO CAOS À PLENITUDE EM CURSO

Por Lorena Schio

Eu me vejo aqui diante de uma folha em branco, absorvida em meus pensamentos e reflexões acerca de quem sou, e posso dizer que é um dos processos mais prazerosos para mim hoje em dia, mas nem sempre foi dessa forma. Eu tenho uma percepção aguçada do mundo ao meu redor desde a infância. Cresci em um ambiente onde as emoções pareciam mais intensas, cada experiência era carregada de significado profundo. Desde cedo, percebi que nem todos os lares eram como o meu, onde as tensões e as alegrias se entrelaçavam de maneira complexa. A minha infância foi moldada pela separação dos meus pais e pelas circunstâncias de vida que os envolviam. Desde muito nova, fui confrontada com a realidade de ter meus pais vivendo vidas separadas, cada um buscando seu caminho em meio a suas próprias lutas e desafios.

Enquanto minha mãe se dedicava a buscar melhores condições de vida, frequentemente trabalhando longas horas e enfrentando dificuldades financeiras, eu fui criada pela minha avó materna. Essa figura materna, embora amorosa, impunha regras muito rígidas no lar, o que criava um ambiente de disciplina severa e estrutura definida.

A ausência do meu pai foi uma presença constante em minha vida. Embora ele estivesse fisicamente ausente na maioria das vezes, sua figura permeava os meus pensamentos e as minhas emoções; eu sentia sua falta de maneira profunda e muitas vezes me perguntava como seria se ele estivesse mais presente. Essa lacuna deixada pelo meu pai criou uma marca emocional significativa na minha infância, contribuindo para uma sensação de incompletude e uma busca por validação externa. Enquanto isso, minha mãe, apesar de seu esforço incansável para garantir um futuro melhor, muitas vezes estava ausente fisicamente, o que gerava uma sensação de vazio emocional em momentos cruciais da minha formação. A relação entre nós duas era marcada por uma mistura de amor profundo e frustrações ocasionais, decorrentes das circunstâncias desafiadoras e das expectativas divergentes.

Essa complexa teia de relações moldou a minha visão sobre mim mesma e sobre o mundo. Desde cedo, eu aprendi a me adaptar às mudanças e a enfrentar desafios com determinação e resiliência. A ausência do meu pai e a presença intermitente da minha mãe me ensinaram a valorizar as conexões emocionais e a buscar formas alternativas de apoio e amor - vale ressaltar que nem sempre saudáveis, já que os meus medos se manifestavam de maneira peculiar. Em geral, temia não ser amada o suficiente, um medo enraizado na sensação de que as pessoas mais próximas de mim, mesmo involuntariamente, poderiam deixar de me entender. Essa insegurança me acompanhou ao longo dos anos, moldando minhas interações e escolhas.

Na adolescência, me tornei conhecida por ser rebelde e autêntica, pois estava cansada das normas e expectativas que pareciam sufocar a minha individualidade; mergulhei de cabeça em experiências que desafiavam as convenções sociais. A rebeldia foi a forma de reivindicar meu espaço no mundo, uma busca por autonomia e autenticidade em um ambiente que muitas vezes parecia conformista. Parecia gostar do caos, não por falta de opções, mas por estar habituada a ele. O tumulto emocional era um terreno familiar, onde eu navegava com uma mistura de destemor e determinação. Enquanto muitos procuravam a estabilidade, eu encontrava conforto na ausência de previsibilidade, talvez porque ali visse a oportunidade de me reinventar continuamente.

Já na juventude, o marco foi a chegada do meu irmão mais novo, que não foi apenas um ajuste prático na dinâmica familiar, mas também um despertar emocional profundo. Senti uma conexão instantânea com ele, mesmo antes de conhecê-lo pessoalmente. Eu me vi refletindo sobre a infância, a adolescência e a jornada até aquele momento, questionando como seria assumir o papel de irmã mais velha após tanto tempo. E com o decorrer dos anos, me dediquei intensamente a cuidar dele e permitir que ambos tivéssemos uma vida mais saudável emocionalmente.

Mas a crença que me acompanhava há anos, de que eu não daria para gente ou que eu não ia ser nada que preste, me assombrava e com as cobranças diárias ela ficou latente. Decidi, então, me dedicar aos estudos e adivinhem: fiz Psicologia e por isso fui criticada algumas vezes. Diziam que eu fazia para me curar, ou que não daria dinheiro, ou que todo psicólogo é louco e por aí vai. Concluí o curso e me senti realizada.

No mesmo ano da minha formatura, conheci meu namorado (hoje marido) e algo dentro de mim começou a mudar de maneira sutil, mas profunda. Acostumada a um ambiente onde o caos parecia ser a norma, a presença dele trouxe uma sensação de segurança e estabilidade que eu nunca tinha experimentado antes. A presença tranquilizadora dele começou a dissipar as camadas de insegurança e cautela que tinha desenvolvido ao longo dos anos e me permiti ser amada da forma mais simples.

No entanto, essa transição para uma vida mais tranquila não foi imediata. Levei algum tempo para me ajustar à ideia de que a estabilidade e a previsibilidade poderiam coexistir com o amor e o apoio emocional. A tranquilidade emocional era algo novo e estranho para mim, um terreno inexplorado que exigia um ajuste gradual de minhas expectativas e do meu próprio comportamento.

Os primeiros anos de casamento foram um teste. Confrontada com a intimidade e a responsabilidade compartilhada, descobri novos desafios. As expectativas e os compromissos que antes pareciam distantes e teóricos, agora se materializavam diariamente em questões de convivência, comunicação e compromisso mútuo. Esses desafios me forçaram a confrontar aspectos meus que eu não tinha explorado completamente.

A chegada dos filhos me trouxe um novo tipo de desafio: um misto intenso de amor e preocupação, me vi equilibrando pratos o tempo todo. Achei que daria conta de tudo, que somente eu sabia fazer, que eu era a única responsável pelo cuidado físico e emocional das crianças, um medo latente de não conseguir supri-los era constante. Eu estava em todos os lugares e momentos, não havia a remota possibilidade de me desligar um pouco, havia um excesso de mamãe. E nesse processo de viver por eles, o esgotamento emocional foi se instalando lentamente, como uma sombra persistente que obscurecia minha alegria e energia. Eu estava exausta, cansada, sem ânimo, mas estava lá presente; o meu mundo tinha ficado preto e branco, mas continuava a fazer as atividades rotineiras, claro que automaticamente, mas fazia, pois ninguém saberia fazer.

Quantas vezes me olhei no espelho e não me enxerguei, quantas vezes chorei em silêncio ou no chuveiro, quantas vezes pensei que não conseguiria, quantas vezes não permiti que meus filhos fossem por achar simplesmente que não deveriam, quantas vezes repliquei regras absurdas e quantas vezes me perdi de mim. Escrevo isso com lágrimas nos olhos, pois foram tempos desafiadores, em que fui da rigidez (vale lembrar que fui criada nesse universo) à permissividade (por não saber o que fazer). Percebi que a ferida do abandono não se limitava a uma única experiência, mas entrelaçava em minha história de vida de maneiras sutis e complexas. Tanto meu pai quanto minha mãe, de maneiras diferentes, deixaram marcas de abandono que ecoavam na maneira como me via. Quanta dor sofrida calada para não demonstrar meus medos, ah... Ferida do abandono, quantas marcas deixadas sem perceber. Foi então que, com o acúmulo de excesso de mim, cheguei ao esgotamento, precisei do auxílio de profissionais da saúde, de familiares (marido, mãe, avó, irmão e amigos próximos), pois mesmo nesse estado de sobrevida não queria que meus filhos percebessem. Foram dezoito meses de muito cuidado e, nesse movimento, fiz uma viagem para o meu eu, em que muitas coisas foram liberadas, perdoadas e dissipadas.

Claro que a cura é um processo contínuo, por isso sigo adiante, retomando o meu lugar. Hoje, percebo que existem muitas mulheres-mamães que passaram ou passam por algum tipo de esgotamento, e espero que a história continue a inspirar aqueles ao seu redor a abraçar suas próprias jornadas de crescimento e transformação. Hoje, sendo especialista em autoestima e confiança, percebo que vivi em um ciclo por anos, mas que eu posso e devo encerrar padrões da minha família, começando pela compreensão de que meus pais são seres únicos e que me deram o que puderam, que hoje sou responsável por mim e escolher me amar é uma das melhores alternativas.

"Procure em você o que espera do outro. Você vai se surpreender."

Lorena Schio

Luciana Bettencourt

Meu nome é Luciana Bettencourt, nascida em Ribeirão Preto/SP. Sou pedagoga, analista de Forças Pessoais--CSI, terapeuta integrativa de mulheres, especialista em Autoestima e Autoconfiança, reprogramadora emocional e mestre em reiki.

Canalizadora do método Transcendental Love Healing Reiki®, uma metodologia aplicada e testada para autoconhecimento, autoperdão, não julgamento e autoequilíbrio, estabelecendo a cura interior nos corpos físico, emocional, mental e espiritual.

Ajudo mulheres a resgatarem sua autoconfiança e autoestima e a se reconectarem com sua essência divina. Autora do *e-book Dominando meus chakras.*

lucianabettencourt.reiki

+1 (857) 999-5290

holisticamente-terapias.com

linktr.ee/luciana_bettencourt

12 VOCÊ TEM SEDE DE QUÊ?

Por Luciana Bettencourt

Por volta de 2004, percebi que teria que causar uma grande revolução na minha vida pessoal, para a minha própria dignidade e sobrevivência. Por cerca de dez anos vivi uma relação em que tudo que posso dizer a respeito é que "aquilo" era qualquer coisa, menos uma relação. Eu não sabia o significado de ser respeitada e de amor-próprio, não tinha a menor noção do que isso significava na minha vida. Então resolvi dar um primeiro passo para uma grande mudança, ou não saberia até onde eu desceria, em direção ao famoso fundo do poço. Resolvi que faria qualquer coisa, menos voltar atrás de minhas novas decisões. Confesso que foi árduo; mesmo com todo sofrimento, eu saía na rua com a cabeça erguida demonstrando "estar tudo bem".

Era vista como competente e jovem empresária com grande futuro. Mas, por dentro, me sentia uma fracassada em todos os sentidos possíveis da minha vida. Consegui me libertar e comecei uma nova vida, com novas perspectivas.

Os anos foram passando e acabei me mudando, indo trabalhar em outro país. Quatro anos se passaram com muitas conquistas sendo realizadas, mas por outro lado abdiquei de pessoas e momentos e isso realmente fazia com que eu não me sentisse tão realizada e feliz como era previsto. Apesar das dores e das escolhas, o crescimento cultural, a empatia, a solidariedade, o autoconhecimento e o reconhecimento profissional fizeram parte do meu dia a dia durante esse período.

Com uma grande crise econômica que se iniciou, eu tinha duas escolhas: a primeira era continuar ali, com reconhecimento e um bom salário, mas presa em um país, porque não tinha a possibilidade de trocar o dinheiro que ganhava na moeda local por outra que eu pudesse viajar para meu país, nem sequer enviar dinheiro para meus filhos; literalmente estaria prisioneira dentro de outro país. A segunda opção, a que segui com a certeza do que eu queria, era abandonar tudo.

Mais uma vez, outra mudança. Dessa vez, para um país de primeiro mundo e que eu nem sequer dominava a língua, onde meus diplomas não serviam para nada. Com certeza eu não teria reconhecimento e um bom salário, mas, por ser um lugar de grandes possibilidades, lá fui eu novamente. Peguei uma mala e meus dois cachorros e embarquei. Onze horas mais tarde, lá estava eu aterrissando em Nova York. Meu marido à minha espera, com uma caminhonete emprestada para poder colocar as casinhas de viagem dos cachorros. Fomos para Massachusetts, onde estou até hoje. Eu tinha certeza de que seria a melhor época da minha vida e que dali para frente tudo seria incrível, que eu viveria os momentos mais felizes de minha vida.

Mais uma vez, passei por muitas decepções. Vi pessoas amargas, interesseiras, pessoas me contavam histórias de filhos que haviam roubado a própria mãe, outros sendo deportados, mulheres fazendo qualquer coisa para destruir casamentos a troco de conseguir legalização. Eu que pensei que tudo aqui fosse perfeito, pessoas cultas, alta tecnologia, grandes conhecimentos, comecei a ver que tudo o que eu pensava não era real. Tinha muita gente desonesta, muita sujeira e muitas imperfeições.

Fui estudar a língua e então comecei a conhecer pessoas realmente incríveis, que nunca sairão do meu coração, e foi nesse momento que descobri o lado lindo, deslumbrante e encantador desse lugar. Consegui trabalho, amigos, pessoas incrivelmente gentis capazes de fazer tudo para ajudar. Mas ainda faltava muito para compreender o comportamento e as atitudes de algumas pessoas, muitas vezes tão mesquinhas, tão julgadoras. Nesse momento, uma grande amiga me ofereceu um curso de reiki. A partir daí, foi um longo caminho de dedicação, estudo e muita prática.

Enquanto me aperfeiçoava no reiki, outras novidades foram aparecendo. Eu comecei a descobrir o poder do nosso subconsciente e o que podemos fazer para virar a chave da nossa vida. Eu me dediquei de corpo e alma, estudei muito, comprava livros com sacrifício, pois eram caros. Até que comecei a usar tudo que aprendi. Enquanto passeava com os cachorros na pracinha, encontrei uma estante de livros onde pessoas colocavam livros que já leram e não desejavam mais para que outros tivessem a oportunidade de ler. Incrivelmente, os livros que eu mais desejava apareciam nessa estante e eu os trazia para casa. Também me sentia na obrigação de colocar livros na estante, como gratidão pelos que consegui. Toda vez que andava pela rua e via livros nas portas das casas, o que é muito comum aqui, eu pegava e levava para abastecer nossa estante.

Percebi que eu poderia usar esse poder para melhorar meu casamento que estava bem desgastado devido a vários momentos difíceis que passamos. Comecei a me aplicar muito reiki, a mudar meus pensamentos, a emanar amor para meu marido e minha casa, para que o ambiente se tornasse um lugar agradável e cheio de amorosidade.

Nessa altura, os cristais começaram a surgir pela minha frente. Encontrei no lixo do escritório que eu trabalhava um saquinho cheio de quartzos azuis, levei para casa e fui aprender o que eles significavam, como limpar, como cuidar e como eles poderiam me ajudar. Pronto, outra grande porta se abriu, um amor incondicional por esses seres de luz em forma de pedras. Lá fui eu mergulhar nesse conhecimento e descobri o quanto eles potencializam qualquer outra terapia que possa existir. Eles são capazes de curas físicas, como tirar uma dor local, como conectar você com o Eu Superior. É uma conexão tão intensa, capaz de abrir sua mente e transformar o seu mundo. Hoje já não sei dizer quantos tenho e muito menos quantos ainda terei.

Logo depois de uma formação intensiva, me tornei mestre em Cristaloterapia com a maior autoridade nessa área, Katrina Raphael. Após alguns anos de estudos, pesquisas, capacitações e práticas, as técnicas foram se alinhando, moldando-se e se potencializando entre si. Com isso, fui praticando o poder que temos de criar uma realidade de vida, até onde isso poderia ser realmente verdadeiro e possível. Quanto mais eu estudava e pesquisava, mais materiais, pessoas, pesquisadores, cientistas apareciam em meu caminho e ele se tornava lúcido e complexo ao mesmo tempo, pois o leque se abria mais e mais, as bibliografias se multiplicavam e eu literalmente enlouquecia.

Até que parei e foquei somente aquilo que realmente me interessava, aquilo que fazia meu coração vibrar, que me esfriava o estômago, que me fazia sentar horas diante de um computador ou um livro e não ver o tempo passar. Quando organizei meus sentimentos e os alinhei com meus pensamentos, por si só minha vida começou a se organizar. Coisas criativas surgiam em minha mente, nos horários mais improváveis: no banho, cozinhando, andando com os cachorros, meditando, até dormindo.

Eu precisava de algo mais científico para sustentar minhas pesquisas. Foi quando cheguei ao Heart Math Institute, que tem uma pesquisa extraordinária sobre o poder do coração. Comprei livros, li alguns artigos, assisti a tudo que estava disponível. Percebi que tudo que li estava diretamente ligado a tudo que eu pesquisei, estudei e pratiquei. Nesse momento, canalizei o Método Transcendental Love Healing Reiki®, que transformou minha vida e me abriu portas que eu jamais imaginei que existissem. É extraordinário o que ele pode fazer por você e para seu autodesenvolvimento.

Acho que eu precisava dessa segurança científica para não me sentir uma louca, querendo se aparecer com algo inovador, num mundo em que a cada segundo surgem inúmeras inovações e pessoas com ideias e conceitos infalíveis de prosperidade.

Eu não queria estar entre uma dessas, foram anos árduos para chegar a um conceito, que, com certeza, com o tempo e mais práticas, ainda será ajustado e terá novos conhecimentos integrados para que se ajuste a diferentes situações, na finalidade de ajudar pessoas a encontrarem seu equilíbrio, a terem uma vida com leveza, responsabilidade e autonomia.

Durante as pesquisas do Heart Math Institute, aprendi que o coração é o mais forte gerador de campos elétricos e magnéticos do corpo. O cérebro também tem esses campos, mas são relativamente fracos quando comparamos com o coração. Nosso coração é o primeiro órgão formado no útero. Alguns cientistas ficaram surpresos ao descobrir que o coração é um órgão de inteligência do corpo. Mais da metade do coração é composto de neurônios da mesma natureza dos que compõem o sistema cerebral. Cada célula do coração é única e pulsa em sintonia com todas as outras, mas também produz um sinal eletromagnético que se erradia para além da célula. Essas ondas de frequência podem atingir 3 metros de distância do corpo. O coração é cem mil vezes mais forte eletricamente e até cinco mil vezes mais forte do que o cérebro humano. Isso mostra que estamos conectados com tudo e que podemos mudar nossa realidade com a energia dos nossos pensamentos e sentimentos.

Eu me especializei em autoestima e autoconfiança, estudos da Bíblia Sagrada, algumas terapias específicas, uni à minha canalização e o método ficou perfeito. Então o denominei como "Cura da alma e equilíbrio da vida", criado especialmente para mulheres resgatarem sua autoconfiança, autoestima e se reconectarem com sua essência divina. Essa canalização me trouxe todas as curas que eu procurava. Eu me sentia presa na bolha que me segurava; a minha vida não evoluía; eu não conseguia ganhar muito dinheiro, mesmo trabalhando muito; meu casamento continuava desgastado. Hoje vivemos nossos projetos juntos, sonhos e desejos compartilhados em busca de uma vida feliz. Eu me sinto feliz e realizada com meu trabalho, minha família e extremamente grata a Deus por colocar tudo exatamente na hora certa em cada momento da minha vida.

"A sua emoção
define a
intensidade da
cor que sua aura
emana e o quanto
sua alma sorri."

Luciana Bettencourt

Luciane Moreno

Sou Luciane Moreno Komninakis, 47 anos, filha amada do Senhor, casada há 25 anos com meu amor, Hermes. Juntos, temos dois príncipes: Henrique, de 22 anos, e Daniel, de 8 anos.

Eu nunca achei que trabalharia com autoestima, mas Deus já tinha um propósito em minha vida com o projeto de resgatar mulheres para transbordarem sua melhor versão. Foi dessa forma que me presenteou com a Consultoria de Imagem e Estilo.

Orei muito para descobrir o meu propósito de vida e a resposta estava comigo desde meus 5 anos, quando apresentei baixa autoestima com minha imagem. Minha maior dor se transformou em meu propósito de vida. Hoje, sou uma mulher curada e estou pronta para ajudar outras mulheres. Espero poder inspirar você com minha história de vida.

alucianemoreno

+55 (11) 97052-8226

alucianemoreno@gmail.com

13 VESTINDO A ALMA

Por Luciane Moreno

Minha jornada com a autoestima começou de maneira inesperada. Durante 25 anos, trabalhei com prótese dentária, dedicando minha carreira a cuidar do sorriso e da autoestima das pessoas. Nesse período, fui bem feliz, me sentia realizada com meu trabalho. Fiz todos os cursos nacionais e internacionais que eu queria, me sentia completa na carreira, mas nos últimos anos meus olhos já não brilhavam mais pela profissão.

No entanto, minha vida tomou um rumo inesperado com o nascimento do meu Daniel, meu segundo filho. Com quase 40 anos, achava que jamais viveria sem a minha profissão. Mas, durante a gestação, Deus começou a me afastar do trabalho, forçando-me a entrar de resguardo com 6 meses. Até então, não tinha ninguém para me substituir, teria que fechar a empresa. Foi aí que Deus me enviou uma protética e entreguei minha empresa nas mãos de uma desconhecida. Esse foi o início de uma transformação profunda na minha vida.

Após o nascimento do meu filho, percebi que não desejava mais voltar à minha antiga profissão. Deus havia me libertado dessa área e parecia que eu nunca tinha sido protética na vida. Comecei a sentir a necessidade de cuidar da minha família e, graças a Deus, tenho o Hermes, um marido maravilhoso, que me apoia, meu companheiro e o grande responsável por eu me tornar a mulher que sou hoje e mãe do Henrique, na época com 13 anos, e do pequeno Daniel.

Queria poder ter tempo de cuidar da família abençoada que Deus havia me presenteado e, como protética, eu não tinha tempo para absolutamente nada. A venda da empresa aconteceu em menos de 24 horas. Foi surreal! Assim, me vi em um novo começo: uma mulher de 40 anos, casada, mãe de um bebê pequeno, um filho de 13 anos e sem a empresa que havia construído e dedicado boa parte da minha vida.

No início, estava tudo perfeito, mas comecei a sentir que eu poderia muito mais. Não queria abrir mão do tempo de qualidade com minha família, mas sabia que Deus tinha um propósito maior em minha vida. Foi aí que minha oração para Deus começou a mudar; eu orava pedindo um propósito em minha vida. Dizia que até aquele momento tinha feito na força dos meus braços, mas agora que fosse feita a vontade dEle. E assim ele foi preparando com todo o amor a minha maior missão e propósito de vida. Eu nunca havia sonhado tão grande, mas sei que meu Deus tem sonhos muito maiores que os meus, e assim Ele o fez e continua fazendo.

Esse tempo de oração durou sete anos e eu não consegui ficar parada, então montei uma loja virtual de produtos para crianças e me formei em Design de Interiores. Essa nova área me permitiu continuar cuidando da autoestima das pessoas, mas agora em um ambiente diferente. Também fiz uma formação em Mentoria Empresarial, ajudando mulheres a gerenciar suas empresas.

Eu nem imaginava que desde muito menina, com 5 anos, Deus já estava com tudo predeterminado para minha vida. Ele foi me preparando e me lapidando para eu receber o maior e melhor presente da minha vida.

Nesse período, eu já congregava na igreja quando meu pastor Mauricio me nomeou, com meu esposo, como líderes de casais. O Espírito Santo tocou meu coração e me chamou para curar mulheres e restaurar casamentos. Comecei a trabalhar no departamento de mulheres da minha igreja; trinta mulheres oferecendo apoio, orientação e palestras quinzenais. Durante um ano, aprendi a me comunicar melhor e a abordar questões internas das mulheres, tratando de temas como autoestima.

Pensei muito como poderia agregar à vida das mulheres com esse tema, até porque é um tema bem delicado de abordagem, mas foi aí que Deus me lembrou de quando eu passei por uma consultoria de imagem, que foi meu filho que pediu para meu esposo me presentear. Ele dizia que eu confundia as pessoas. Essa consultoria melhorou muito minha autoestima e pensei em fazer o curso e abençoar o maior número de mulheres, e assim aconteceu. Fiz minha formação em Consultoria de Imagem achando que iria reunir aquelas trinta mulheres da igreja, fazer uma palestra e que dessa forma já estaria resolvido, mas os planos de Deus não eram assim. Montei um escritório, comprei todo o material que uma consultora necessitava para fazer seus atendimentos e convidei cada mulher para passar a tarde comigo e assim fazer a consultoria completa em cada uma no individual.

Foi nesse momento que descobri a importância da consultoria de imagem. Ao fazer o curso, percebi que não se tratava apenas de ensinar sobre roupas, mas de um meio para ajudar as mulheres a enfrentarem questões internas. Descobri que o meu chamado não era pela imagem, que Deus estava usando o tema consultoria de imagem para atrair o maior número de pessoas e que, depois que elas chegassem a mim, eu usaria a autoestima para ajudar no processo de cura.

Cada atendimento revelava que elas precisavam de mais do que apenas um novo visual; precisavam de uma cura interna. Foi aí que entendi que teria que ser mais profunda com as mulheres e precisava de um método de autoestima para curá-las.

Fui em busca de uma especialização e achei, quer dizer, ela me achou! Era tudo de que eu precisava, mas eu nem imaginava. O ponto de virada foi uma especialização em Autoestima e Confiança. Acreditei que o curso era apenas para aprender e ensinar, mas foi lá que eu mesma fui transformada. Descobri que minha autoestima, que eu pensava estar resolvida, na verdade precisava de muito trabalho. Tudo que havia acontecido no passado, desde meus 5 anos, tinha um propósito maior: era me curar para que eu estivesse pronta para curar. A especialização foi crucial para minha transformação pessoal e profissional. Eu me libertei de crenças e traumas vividos por tantos anos e hoje estou totalmente curada e livre.

Hoje, entendo que a autoestima é um processo contínuo. Sou consultora de imagem, mas meu trabalho vai além das roupas; é uma terapia de autoestima. Com a especialização, integrei a autoestima e a confiança nos meus atendimentos. Aplico as técnicas dos pilares da autoestima sem as clientes imaginarem. Assim, no final do processo de consultoria de imagem, elas estarão restauradas de fora para dentro e de dentro para fora, sentindo-se confiantes, donas de si e escolhendo se amar. O verdadeiro propósito da consultoria é proporcionar uma cura interior profunda.

Meu chamado é claro: ajudar as mulheres a reconstruírem sua autoestima, terem confiança em si mesmas e encontrarem seu valor interior por meio da imagem pessoal. Nunca pensei em ser consultora de imagem e estilo, mas sempre pedi um propósito nesta vida. Hoje sou muito grata e realizada com essa missão. Os sonhos de Deus são muito maiores que os meus. Eu nunca imaginei que impactaria a vida de tantas pessoas por meio da minha vida e que eu serviria de exemplo para tantas mulheres, até porque no meu passado eu não era vista como referência.

Hoje sou uma mulher de 47 anos, filha amada do Senhor, muito bem-casada com meu esposo Hermes, empresária, palestrante internacional, consultora de imagem e estilo, especialista em Autoestima e Confiança e posso dizer que sou uma mulher próspera, abundante e curada.

Tem uma passagem da Bíblia que só me prova que não temos que ser iguais a ninguém e que Deus nos fez da forma que ele desejou sem termos que nos comparar aos padrões impostos pelo mundo. "Não se amoldem ao padrão deste mundo, mas transformem-se pela renovação da sua mente" (Romanos 12:2). Essa advertência é porque temos a tendência de repetir os comportamentos do passado; portanto, é preciso ter disciplina para encarar as mudanças necessárias. Posicione-se, não olhe para as circunstâncias e sim para aquele que está com você a todo momento.

Eu digo que minha vida é como um vaso de barro. Os nossos traumas, as nossas crenças, feridas, desilusões fazem com que esse vaso quebre e que muitas vezes acaba ficando todo cheio de remendos por colarmos essas feridas, mas temos que entender que um vaso remendado nunca irá transbordar e que será necessário um vaso novo para haver o transbordo. Aconselho você a não colar os caquinhos, pois as feridas continuarão lá. Transforme-se em um vaso novo, perfeito aos olhos de Deus, para que o transbordo aconteça na sua vida e, dessa forma, derrame bênçãos por onde passar. Um vaso novo é fonte de vidas, nunca deixará de transbordar a presença de Deus.

Hoje, tenho certeza de que sou abundante e próspera, filha escolhida de Deus. Além de ser consultora de imagem e estilo, sou palestrante internacional, tendo até palestrado em Nova York, Espanha e Portugal. Vejo a mão de Deus em cada passo dessa jornada e continuo a testemunhar seu poder em transformar vidas através da minha vida. Hoje, sou grata por cada passo dado e por poder impactar tantas vidas positivamente.

Busque sua melhor versão todos os dias e seja melhor que você foi ontem, não se compare a ninguém. Transforme-se pela renovação da mente; a verdadeira mudança vem de dentro e ilumina cada aspecto da sua vida. Posicione-se para crescer.

"Vestir a alma é
se transformar de
dentro para fora,
pois a verdadeira
beleza surge da
renovação interior e
ilumina a vida."

Luciane Moreno

Márcia A. Santos

Meu nome é Márcia Adriana dos Santos. Tenho 44 anos e sou gaúcha, nascida em Porto Alegre/RS, atualmente residindo em Canoas/RS. Sou mãe de cinco filhos maravilhosos: Eduardo, Juliana (meu anjinho que agora mora no céu), Gustavo, Gabriel e Melissa.

Eu me tornei mentora de mulheres com especialização em Autoestima e Autoconfiança e atuo ajudando-as a se libertarem de relacionamentos abusivos. Em breve, me formarei em Psicologia para ajudar ainda mais pessoas e famílias.

Estou à disposição para ajudar outras mulheres a se libertarem e a descobrirem sua força interior. Você pode me encontrar nas redes sociais. Vamos juntas construir uma vida mais feliz e plena.

marciaadriana.mentora

+55 (51) 99192-7260

marciaadriana.terapeuta@gmail.com

14 LIBERTE-SE

Por Márcia A. Santos

Hoje estou aqui para compartilhar a minha história com você e, para isso, preciso começar lá atrás.

Minha infância foi repleta de brincadeiras e muitos sorrisos com minhas primas e meu querido e amado avô.

Na adolescência, me destaquei no vôlei na escola e construí amizades verdadeiras, baseadas no amor pela pessoa que eu era e não pelo que eu tinha. Porém, perdi meu pai aos 11 anos. Embora ele não fosse presente, a partida dele me marcou profundamente, pois, a partir daí, passei a viver por mim mesma. Mas tive vários anjos da terra na minha vida, principalmente o meu anjo da guarda que sempre esteve ao meu lado e a minha fé que sempre me preencheu, então nunca me senti sozinha.

Um pouco mais tarde, foi a hora de experimentar o primeiro amor e ele aconteceu de maneira pura e genuína, como deveria ser. No entanto, quando esse amor terminou, a vida me levou para noites de festas, muito álcool e rock 'n' roll (pagode). Foi nesse período que conheci o pai dos meus filhos.

Eu já era jovem. Nós nos envolvemos e eu engravidei. Logo imaginei que eu teria a família feliz que sempre sonhei: meu marido, eu e o nosso filho. Alugamos uma casinha, eu trabalhava fora, ele nunca deixou de cumprir suas obrigações em casa, mas também nunca deixou as noitadas e as bebidas. Engravidei novamente. Dessa vez, quem estava a caminho era a nossa pequena Juliana. Com a chegada dela, tínhamos o nosso casal de filhos, o que poderia caracterizar a "família perfeita" que eu tanto buscava, mas a realidade estava longe disso. Nessa época, já enfrentávamos muitas brigas e agressões, tanto físicas quanto psicológicas. Porém, o pior ainda estava por vir.

Quando a minha princesa Ju tinha 4 anos, uma bactéria, cujo nome até hoje eu desconheço, a levou... a transformou em uma estrelinha no céu. Sem suporte, não tratei o meu luto e vivi em negação por cerca de dez anos. Houve um verdadeiro apagão em minha memória e eu não consigo me lembrar de nada que aconteceu na minha vida nesse período. Até que um dia, de maneira inesperada e explosiva, exatamente como um vulcão em erupção, essas emoções saíram de controle, transbordaram e eu chorei durante três dias e três noites. Foi então que uma amiga, sem saber o que se passava comigo naqueles dias específicos, me ligou às 6h da manhã, após acordar de um sonho com a minha Ju. Nesse sonho, minha filha dizia que eu precisava parar de chorar, que eu precisava ter entendimento, que ela não aguentava mais me ver chorar e que eu não a ouvia. Aquele sonho foi uma bênção, aquele pedido foi uma bênção, aquela amiga foi uma bênção. E isso era tudo o que eu precisava para dar início a uma nova era da minha história.

Esse episódio foi o catalisador que me levou à terapia e ao tratamento correto do meu luto e de todas as culpas que eu carregava em decorrência disso. Foi aí que comecei, devagar, a voltar à vida, afinal de contas o meu psicológico ainda estava muito fragilizado.

Nesse período, eu já trabalhava com uma van escolar. Foi uma época feliz da minha vida. Durante onze anos, fui a tia Márcia. A tia que transportava crianças que enchiam a minha vida de esperança e alegria.

No entanto, meu desejo por uma família perfeita seguia ardendo e esse desejo me mantinha presa em um relacionamento tóxico que, por me gerar novas dores constantemente, não me permitia acessar a cura por completo. Os anos passaram e eu tive mais dois filhos lindos, Gustavo e Gabriel, enquanto enfrentava inúmeras traições do meu marido, até a chegada de nossa tão esperada filha, Melissa. Logo depois dela, veio a conquista da casa dos sonhos. Depois de tudo que aceitei e perdoei, uma nova traição na véspera da nossa mudança me fez decidir que eu não viveria mais aquela vida. Naquele momento, algo dentro de mim mudou e toda a minha vida passou diante dos meus olhos. Iniciei uma jornada de libertação e renovação. Busquei toda força que havia dentro de mim e que por anos eu cismei em não encontrar, tracei um plano e o segui.

Meu primeiro passo foi o do autocuidado, focando a saúde física e mental: voltei para a terapia, para a academia e comecei a fazer meditações. Passei a me conhecer, reconhecer, redescobrir. Enfrentei um processo de buscar relembrar quem era a Márcia antes do relacionamento, antes do medo, antes da dependência emocional. O que a Márcia queria, quais eram os seus sonhos. E digo: foi incrível me reconectar com aquela versão livre e feliz. Foi incrível olhar para dentro, acolher a minha dor, colocar curativo nas minhas cicatrizes e poder voltar a olhar para frente como uma mulher madura, adulta, inteira e poder decidir, firmemente, que a partir daquele momento eu não aceitaria nada menos do que isso: o que me fizesse bem e feliz.

E esse segundo grande despertar me levou a uma transição de carreira. Como uma venda que foi tirada dos meus olhos, enxerguei a Psicologia, que logo se tornou meu propósito de vida e fez com que todas as peças se encaixassem: eu havia vivido toda a minha história para chegar até aqui e poder ser usada por Deus para ajudar outras famílias que passam por essa mesma dor e não encontram apoio, suporte ou acolhimento. Ah, obrigada, Senhor, pelos seus desígnios. E obrigada, Freud, Vygotsky, Piaget e Skinner, por suas teorias. Elas serão usadas para que eu cumpra o meu chamado dos Céus de ajudar outras mulheres a se libertarem, assim como eu me libertei.

Perceba que houve um ponto de virada e uma decisão. Hoje, vivo feliz, agradeço pelos meus filhos, minhas irmãs, minha mãe e minhas melhores amigas do coração, que fizeram toda diferença na minha vida. Sou grata por cada momento, desde o primeiro café do dia até as risadas com quem eu amo. Consigo encontrar felicidade plena nas pequenas coisas do dia a dia, como dar bom-dia ao sol, arrumar meus filhos para a escola, viver a rotina, dirigir o meu carro, assar um bolo, dormir abraçada com os meus pequenos. Até a relação com o pai dos meus filhos se tornou simples para mim. Lido de forma tranquila, com base no respeito e no apoio mútuo. Confesso que a jornada não foi fácil, mas depois de muita luta, dores, despertares, insegurança e decisões, eu consegui compreender os propósitos de Deus.

Eu me tornei mentora de mulheres, com especialização em Autoestima e Autoconfiança, e atuo ajudando-as a se libertarem de relacionamentos abusivos. Em breve, me formarei em Psicologia para ajudar ainda mais pessoas e famílias. Não é apenas meu trabalho, sigo um chamado de Deus como missão na minha vida. Tenho tanto para compartilhar de tudo que vivi e todo conhecimento adquirido.

Hoje quero passar a mensagem de que não importa o seu passado, você é quem faz o seu destino. Empodere-se da sua vida, decida ser feliz, tenha coragem e fé que a mágica acontece. Você não precisa da validação do outro e nunca é tarde para ser feliz.

Eu vivi para contar minha história e mostrar que, se eu consegui, você também consegue. Se você vive com um tampão nos olhos e por isso tem dificuldade de enxergar a sua realidade, ou se falta coragem para você agir em direção à sua libertação, eu quero acolher e encorajar você, porque a visão desse lado de cá vale muito a pena, vale todo esforço e toda luta.

Vivo pelos meus filhos e, assim como tudo na vida, busco a minha paz e a minha felicidade por eles. Eu me cuido porque os amo. O meu primogênito, Eduardo, é superinteligente, eu amo o seu abraço. Meu segundo amor, minha estrelinha, Juliana, será sempre lembrada com amor e saudade. Meu terceiro filho amado, Gustavo, é meu companheiro e um superjogador de vôlei. O quarto é um príncipe, quietinho, Gabriel, que recentemente recebeu o diagnóstico de TEA. E a última, nossa raspinha do tacho, é a linda Melissa, nossa escorpiana que agiliza toda a bagunça. Eles são, indiscutivelmente, meu maior orgulho e a razão de todo o meu viver.

Eu precisei decidir me amar, me priorizar e me resgatar para entender que a verdadeira felicidade sempre esteve comigo, nos meus filhos e na família que formamos. Até porque, como dizem por aí, a felicidade não é um destino, não é mesmo? A verdadeira felicidade está na jornada. Podemos - e devemos - ser felizes no agora. Tudo depende do nosso olhar, de onde colocamos o foco. Ser felizes com o que temos e não infelizes com o que nos falta!

Escrevi este capítulo para compartilhar minha jornada e inspirar outras mulheres a buscarem sua própria felicidade. Então, decida, dê o primeiro passo em direção à liberdade emocional, reconstrua sua autoestima, tenha uma nova perspectiva de vida, olhe para seu objetivo e não pare até chegar nele. Desejo que você se liberte através do seu amor-próprio.

LIBERTE-SE
através do amor-próprio

"Liberte-se através
do seu
amor-próprio."
Márcia A. Santos

Maria Andrade Filha

Sou Maria Andrade Filha, Zezé para os amigos. Nascida no interior de Pernambuco, em uma família humilde que sempre prezou por amor, felicidade e pela união. Minha trajetória é marcada pela superação e pela busca constante de autoconhecimento. Desde criança, enfrentei desafios que moldaram minha resiliência e me impulsionaram a construir uma vida melhor para mim e para os meus.

Pós-graduada em Psicologia Transpessoal, especialista em Cuidados Integrativos, formada em Relações Públicas, Chief Happiness Officer, Consteladora Familiar e Facilitadora de Meditação em Saúde. É certificada em Saúde Mental nas Organizações. Fundou a Visão Integral do Ser®, palestrante, mentora e gestora de gente feliz. Atualmente, é diretora de Recursos Humanos na Prefeitura de São Paulo. Dedicada a ajudar outras pessoas a encontrarem seu propósito e alcançarem seus objetivos. Minha missão é inspirar e transformar vidas, compartilhando as lições que a vida me ensinou ao longo dos anos. Eleve o seu autoconhecimento e seja a pessoa feliz que você nasceu para ser!

amariafilhaoficial

+55 (11) 98185-5050

mariafilha@uol.com.br

15 A CURA VEM PELO AUTOCONHECIMENTO E PELA FELICIDADE

Por Maria Andrade Filha

Nasci no interior de Pernambuco, em um engenho de cana-de-açúcar, cercada por uma paisagem bucólica e uma vida simples. Minha família, embora humilde, sempre foi rica em amor e valores, e isso foi o que me deu forças para enfrentar os desafios que surgiram desde cedo. Minha mãe trabalhava como empregada doméstica em Recife, enquanto eu ficava no interior com minha avó e tias. A gravidez da minha mãe não foi planejada, e quando a família para a qual ela trabalhava soube, ela foi demitida e voltou para o interior, onde nasci.

Cresci em um ambiente marcado pela escassez material, mas cheio de carinho e cuidado. Minha avó, uma mulher forte que enfrentou muitas dificuldades, incluindo a perda do marido e a criação de doze filhos sozinha, foi uma figura central na minha vida. Ela era rigorosa, com uma educação "à moda antiga", mas também muito amorosa. Lembro-me das noites em que, após o pôr do sol, ela nos reunia para ouvir histórias inventadas por ela mesma, sempre acompanhadas pela Ave Maria das 18h. Esses momentos, apesar da dureza da vida, traziam um conforto profundo e ajudavam a moldar meu caráter.

Aos 13 anos, minha vida deu uma guinada quando minha mãe, meus irmãos e eu nos mudamos para São Paulo em busca de melhores oportunidades. A adaptação não foi fácil. Em Pernambuco, a escola era uma realidade distante e só em São Paulo fui alfabetizada.

Estava em uma classe de crianças muito mais jovens, o que me fez sentir deslocada, mas nunca desanimei. Sempre tive uma grande curiosidade e desejo de aprender, o que me ajudou a superar as dificuldades iniciais e a me apaixonar pelos estudos.

Morávamos em condições muito modestas, mas a proximidade com minha família me dava forças. Trabalhei desde cedo, inicialmente como babá, para ajudar minha mãe a sustentar nossa casa. Essas experiências, embora desafiadoras, me ensinaram a importância do trabalho árduo e da perseverança. Mesmo em meio a tantas dificuldades, eu sempre mantive uma visão positiva da vida e a certeza de que, com esforço e dedicação, seria possível construir um futuro melhor.

À medida que crescia, continuei a me qualificar e consegui um emprego como auxiliar administrativa, o que foi uma conquista importante. No entanto, a vida trouxe seus desafios. Casei-me aos 24 anos, na esperança de construir uma família sólida, mas o casamento foi marcado por dificuldades. As expectativas que eu tinha para o nosso relacionamento acabaram não se concretizando, o que gerou um desgaste emocional ao longo do tempo.

O casamento passou por momentos difíceis e percebi que nossas diferenças eram profundas, afetando a estabilidade da nossa família. Diante dessa realidade, tomei a difícil decisão de me divorciar, priorizando minha saúde mental e o bem-estar da minha filha. A separação foi um processo doloroso, mas necessário.

Foi nesse contexto que enfrentei um dos maiores desafios da minha vida: a saúde da minha filha, Mariana. Aos 3 anos, ela foi diagnosticada com sarcoma no joelho, um tipo de câncer agressivo. A notícia foi devastadora e, como mãe, me senti impotente diante do sofrimento dela. A batalha para salvar a vida de Mariana foi longa e dolorosa, com cirurgias e tratamentos intensivos que testaram meus limites físicos e emocionais.

A situação financeira também era desafiadora. Mesmo com um emprego estável, os custos do tratamento da Mariana exigiram sacrifícios. Lembro-me de vender meu carro para cobrir despesas médicas e enfrentar noites sem dormir, preocupada com o futuro. Durante esse período, fui diagnosticada com esclerose múltipla em 2003, uma doença que trouxe novas incertezas para minha vida.

Além da esclerose múltipla, passei a sofrer de síndrome do pânico, que limitava minha capacidade de viver plenamente. As crises me impediam de dirigir, de usar elevadores e até de andar de metrô, me isolando ainda mais. A combinação de todos esses problemas criou uma espiral de desafios que parecia impossível de superar, mas, de alguma forma, eu sabia que precisava continuar lutando.

Apesar de todos os desafios, segui em frente, buscando maneiras de sustentar minha família e cuidar da minha saúde. Essa fase da minha vida foi marcada por um desgaste emocional e físico imenso, mas também por uma força interior que me motivou a continuar.

As demandas da vida cotidiana se tornaram uma luta constante. Cada dia era uma batalha para manter a esperança viva e para encontrar forças para continuar. Eu me sentia esgotada, tanto física quanto emocionalmente, e o futuro parecia incerto. A esclerose múltipla, a síndrome do pânico e as pressões da vida eram fardos pesados que eu carregava, mas algo dentro de mim continuava a resistir, a acreditar que, de alguma forma, eu poderia superar tudo aquilo.

Durante esse período, também conheci um novo amor, que trouxe um sopro de esperança e apoio. Juntos, enfrentamos as dificuldades financeiras e emocionais, reconstruindo nossas vidas com muito esforço e parceria. Essa relação foi crucial para meu processo de cura, pois me mostrou que, mesmo nas situações mais adversas, é possível encontrar felicidade e apoio.

Diante de tantos desafios e das consequências que estavam impactando minha vida de forma tão profunda, percebi que precisava encontrar uma saída, uma forma de resgatar minha saúde física e emocional. Foi nesse momento que comecei a buscar o autoconhecimento como uma ferramenta de transformação. Eu sabia que, para cuidar da minha filha e seguir em frente, precisava antes cuidar de mim e me fortalecer internamente.

Comecei a fazer terapia, algo que inicialmente me parecia distante e até desnecessário, mas que logo se revelou essencial. Esse processo de autodescoberta me ajudou a lidar com as raízes do meu sofrimento, as memórias e os traumas que estavam impactando minha saúde e minhas decisões. Entendi que muitos dos medos que eu carregava vinham de experiências passadas que eu precisava ressignificar. A terapia não só aliviou meus sintomas de pânico, mas também me deu uma nova perspectiva sobre a vida e sobre mim mesma.

Além disso, comecei a investir na minha formação e no desenvolvimento pessoal. Decidi fazer uma transição de carreira, focando algo pelo qual sempre fui apaixonada: o desenvolvimento humano. Após concluir a formação em Psicologia Transpessoal, comecei a trabalhar com treinamento e desenvolvimento, utilizando minhas próprias experiências de vida para ajudar outras pessoas a superarem seus desafios. Isso me deu um novo propósito e uma energia renovada para seguir em frente.

Com o tempo, a minha saúde começou a melhorar, graças ao equilíbrio que encontrei entre mente, corpo e espírito. Consegui controlar os sintomas da esclerose múltipla e superar as crises de síndrome do pânico. A dedicação ao autoconhecimento e à terapia me deu as ferramentas necessárias para eu enfrentar os desafios da vida com mais serenidade e confiança. Ao mesmo tempo, o trabalho com desenvolvimento humano me trouxe uma nova realização profissional, permitindo que eu ajudasse outras pessoas a encontrar o caminho para a cura e o crescimento pessoal.

Hoje, após ter passado por tantos desafios e superado tantas adversidades, sinto-me mais forte e realizada do que nunca. Cada dificuldade que enfrentei me ensinou lições valiosas, que hoje compartilho com aqueles que buscam transformar suas vidas. Acredito verdadeiramente que, independentemente das circunstâncias, é possível encontrar uma luz no fim do túnel, desde que se esteja disposto a olhar para dentro de si, a conhecer e entender suas próprias emoções e a buscar o crescimento pessoal.

A minha trajetória me mostrou que o autoconhecimento é uma poderosa ferramenta de cura e transformação. Foi por meio dele que consegui ressignificar minhas dores e descobrir forças que eu não sabia que tinha. E é essa mensagem que quero levar para outras pessoas: a de que somos capazes de superar as maiores adversidades quando nos conectamos com nosso eu interior e cultivamos a resiliência.

A decisão de me dedicar ao desenvolvimento humano não foi apenas uma escolha de carreira, mas um chamado de alma. Hoje, trabalho com a convicção de que posso ajudar outras pessoas a encontrarem o caminho para sua própria transformação. Compartilho minha história não como um relato de sofrimento, mas como uma prova de que a vida, por mais dura que seja, pode ser reescrita. Cada desafio que enfrentei foi uma oportunidade de crescimento e é essa visão que quero transmitir.

Ao longo da minha jornada, compreendi que fortalecer a autoestima e a confiança é essencial para lidar com as inseguranças, os medos e as vergonhas que todos carregamos. Aprender a se amar e se aceitar, mesmo com as imperfeições e dificuldades, é o que nos dá força para superar os obstáculos e transformar nossas vidas. O amor-próprio não é apenas um conceito, mas uma prática diária que nos ajuda a construir resiliência e a viver com mais autenticidade.

Atualmente, tenho planos de seguir em frente com novos projetos, sempre focada na promoção do bem-estar e da felicidade nas organizações e na vida pessoal. Quero continuar trabalhando como consultora independente, levando adiante a missão de ajudar outras pessoas a encontrarem o seu propósito e a construírem uma vida plena e feliz. Acredito que, ao promover a felicidade e o autoconhecimento, estamos plantando as sementes para um futuro melhor, tanto para nós mesmos quanto para aqueles que nos cercam.

Olhando para trás, vejo que a minha jornada é um testemunho de que é possível transformar dor em força, dificuldades em oportunidades e limitações em conquistas. Essa é a mensagem que deixo para todos que cruzam meu caminho: não importa o quão desafiadora seja a jornada, sempre há uma forma de reencontrar o caminho para a luz. E é esse compromisso de inspirar e ajudar os outros que me motiva a continuar sabendo que, por meio do meu trabalho, posso fazer a diferença na vida de muitas pessoas.

"Sou uma mulher
feliz que acredita que
autoconhecimento
e consciência ativam
nosso potencial para
alcançar sonhos e
sucesso de
forma saudável."

Maria Andrade Filha

Maria de Fátima

Meu nome é Maria de Fátima, natural de Rio de Janeiro, onde resido atualmente com minha família: Paulo, com quem sou casada há trinta anos, e meus filhos, Ricardo e Rafael.

Sou empresária e mentora de mulheres maduras. Em minhas práticas e vivências, percebi algo crucial: muitas de nós, ao longo da vida, acabamos nos desconectando de nossa própria essência. Inspirada por essa realidade, decidi agir. Criei um movimento poderoso por meio do qual mulheres se apoiam mutuamente, resgatando sua autenticidade e poder interior. Esse movimento é um espaço de apoio, empatia e crescimento. Dessa iniciativa, nasceu o podcast Chá da Rainha, em que, com convidadas especiais, exploramos o universo feminino, promovendo diálogos abertos e inspiradores sobre autoestima, autoconfiança e reconexão com nossa essência.

euamariadefatima

16 RECONEXÃO FEMININA: DE GUERREIRA A RAINHA

Por Maria de Fátima

Assim como muitas mulheres, desde criança eu ouvia que a vida era uma luta, uma dificuldade. Frases como "Você não sabe o que eu passei" nos levavam a acreditar que a vida é uma eterna batalha. A mentalidade de guerreira me levou a crer que eu precisava suportar tudo sozinha, sem pedir ajuda ou mostrar vulnerabilidades, repetindo comportamentos e crenças de que nós, mulheres, devemos suportar tudo. Afinal, se a minha mãe e minha avó suportaram tanto sofrimento, escassez, batalhas diárias e se mantiveram de pé, quem seria eu para romper esse ciclo?

Esses são os emaranhamentos familiares citados por Bert Hellinger. Para sermos aceitas e pertencermos ao nosso sistema familiar, repetimos padrões de nossos antecessores. Aprendemos a lutar pelos nossos empregos, a lutar pela família, a manter relacionamentos mesmo quando fracassados, a lutar pelos nossos direitos e a ocupar espaços no trabalho. E, assim, nós nos acostumamos a carregar um fardo extremamente pesado, usando uma armadura muitas vezes desgastada. É desse modo que a guerreira dentro de nós nasce, enquanto nosso feminino é adormecido.

Acreditamos que feminilidade é fraqueza e que precisamos ser fortes e poderosas a qualquer custo. Essa mentalidade nos leva a viver uma vida de constante luta, esquecendo que podemos ser fortes de uma maneira mais autêntica e conectada com nossa verdadeira essência - o nosso feminino. Com isso, a menina, quando mulher, suportou humilhações, assédios morais e dores profundas na alma, mas sempre de pé, com sua armadura lustrada e pronta para a próxima batalha. Engole o choro e segue em frente, porque a próxima luta lhe espera. Não importa, você é forte e corajosa. Criar dois filhos sem rede de apoio, enquanto o marido precisava viajar para sustentar a família, não foi fácil.

Essa pode ser você, com uma história parecida ou muito similar, porque essa é a quase função de 24 horas de uma mulher guerreira. Sempre disposta a cuidar de todos: do trabalho, da família, do casamento, da equipe, dos pais e das metas. Mas, enquanto cuida de todos, quem cuida de você?

Essa mentalidade de guerreira, de precisar ser forte o tempo todo, acaba nos deixando exaustas, sobrecarregadas e emocionalmente esgotadas. Nós nos tornamos especialistas em engolir o choro e disfarçar nossas vulnerabilidades. Vivemos uma vida de constante sacrifício, sem perceber que estamos nos afastando cada vez mais da nossa essência feminina. E, nesse processo, perdemos a oportunidade de viver uma vida mais plena, autêntica e equilibrada. E o nosso feminino simplesmente desaparece.

As consequências demoraram a chegar, ou talvez eu não tenha percebido os sinais. As crises de ansiedade e os choros escondidos debaixo do chuveiro eram minha alma e meu corpo gritando por socorro. Os primeiros sinais físicos foram pequenas feridas na garganta que não desapareciam com remédios e antibióticos. Um médico sugeriu que poderia ser emocional e a guerreira dentro de mim retrucou: "Como assim emocional? Eu não tenho tempo para isso".

Eu tinha filhos entrando na adolescência, trabalho, mudanças de São Paulo para o Rio de Janeiro, desafios pessoais e profissionais. Eu não tinha tempo para ser fraca. Até que um dia, a tão temida depressão bateu à minha porta. "Mas como assim depressão? Você não passou pela metade do que eu passei na vida. Depressão é coisa de gente fraca. Isso é drama". Essas foram as frases de apoio que recebi de muitos familiares. Ninguém entendia que minha armadura estava totalmente despedaçada e que eu estava sangrando por dentro.

Os remédios se tornaram minha bengala. Não foi fácil acreditar que eu não era uma boa mãe para os meus filhos, que eu falhava em algo. Pensar em coisas tão negativas dilacerava meu coração. Nas sessões de terapia, eu não queria refletir sobre minhas emoções, queria soluções imediatas. Queria algo que me colocasse de pé novamente, com minha armadura reformada e ainda mais forte para a próxima batalha.

Depois de enfrentar crises de ansiedade, depressão e o esgotamento que minha vida de guerreira trouxe, percebi que algo precisava mudar drasticamente. Foi nesse momento de vulnerabilidade que comecei minha jornada de reconexão com o feminino. Aqui, compartilho o que aprendi e como você também pode se transformar de guerreira a rainha, vivendo uma vida mais plena e autêntica.

Os antidepressivos eram a minha bengala, até que um dia percebi que eu me desesperava se o remédio acabasse. Eu não podia sucumbir nem quebrar, eu precisava ser forte, corajosa e equilibrada. Afinal de contas, eu precisava cuidar de tudo e todos, menos de mim mesma. De uma hora para outra, resolvi por minha conta e risco largar os remédios e aprender a lidar com os "problemas da vida". Confesso que eu não gostava da sensação de equilíbrio que os remédios me faziam sentir. A guerreira dentro de mim estava acostumada a altos picos de adrenalina e batalhas constantes. Aquela sensação de falsa calmaria não era para mim, então pronto, estava decretado: parei com a medicação.

Ah, minha cara leitora, foi fácil... Não, não foi. Os choros voltaram, os medos e a ansiedade também. Só que dessa vez eu estava com algumas ferramentas que me ajudaram muito. Livros de autoconhecimento. O primeiro que me causou um grande impacto foi o livro *A cabana*. Ali entendi o que era Deus e sua infinita bondade e que tudo acontecia por alguma razão de ser, que eu desconhecia.

Depois de mais alguns baques, uma linha do tempo foi a virada de chave. Em 2016, após uma perda financeira bem complexa, entendi que, se eu quisesse que minha empresa fosse um sucesso, precisaria investir em mim. Fiz várias especializações: Consultoria de Imagem baseada em Autoconhecimento, Certificação Internacional em Personal Branding, Liderança Feminina, Comportamento, Coach e muitas outras. E em todas elas, o autoconhecimento era a ferramenta mais potente. Comecei a entender de gente e a gostar disso. E me lembrei que, aos 18 anos, havia passado para a faculdade de Psicologia, só que "psicólogo era médico de maluco"... Hoje confesso que dou boas risadas dessa frase.

Eu me especializei em Autoestima e Autoconfiança e passei a me interessar pela questão da feminilidade e suas vertentes. Essa jornada me levou a criar um movimento de mulheres que se apoiam mutuamente, ajudando umas às outras a se reconectarem com seu feminino. Primeiro, precisei reconhecer que minha armadura estava me destruindo. Admitir que não precisava ser forte o tempo todo foi o primeiro passo. Entendi que pedir ajuda não era fraqueza, mas uma forma de me cuidar.

Encontrei suporte através de terapia. Nas sessões, inicialmente, buscava soluções rápidas, mas aprendi a explorar minhas emoções e a entender a raiz dos meus problemas. A terapia me ajudou a desconstruir a ideia de que vulnerabilidade era uma fraqueza.

Introduzi práticas diárias de autocuidado, como meditação, reprogramação mental e momentos de silêncio para mim mesma. Essas práticas me permitiram reconectar com minha essência e cuidar do meu bem-estar emocional e físico. Para lembrar sempre dessa transformação contínua, tatuei uma borboleta em minha pele, um símbolo de que sou uma pessoa em eterna transformação.

Construí uma rede de apoio e uma comunidade de mulheres composta de amigas e colegas que estavam passando por jornadas semelhantes. Juntas, compartilhamos experiências e aprendemos a nos fortalecer mutuamente, criando um ambiente de empatia e crescimento.

Redefini o que significava ser forte. Entendi que força verdadeira vinha da autenticidade e da conexão com minha essência feminina, não da resistência a todo custo. Passei a valorizar minha feminilidade como uma fonte de poder, não como uma fraqueza.

Como parte dessa transformação, criei o podcast Chá da Rainha. Nele, com convidadas especiais, abordamos todos os aspectos do universo feminino e suas particularidades. Esse movimento é um espaço onde falamos de mulher para mulheres, promovendo um diálogo aberto e inspirador sobre autoestima, autoconfiança e reconexão com nossa essência. O podcast tem sido uma ferramenta poderosa para inspirar e conectar mulheres ao redor do mundo, criando uma comunidade de apoio e crescimento mútuo.

É essencial aceitar que ser vulnerável é uma parte natural e poderosa da nossa humanidade. Ao reconhecer e aceitar nossas vulnerabilidades, nós nos permitimos crescer e nos conectar de forma mais profunda conosco e com os outros.

A jornada de transformação não é sobre abandonar a guerreira que há em nós, mas sim sobre encontrar um equilíbrio. Há momentos em que precisamos da força da guerreira, mas também precisamos da sabedoria, da graça e da compaixão da rainha.

Autocuidado não é egoísmo, mas uma necessidade. Dedicar tempo para cuidar de si mesma é essencial para se manter equilibrada e forte. Reserve momentos diários para atividades que nutram sua alma e recarreguem suas energias.

Nunca subestime o poder de uma rede de apoio. Conectar-se com outras mulheres que compartilham experiências semelhantes pode ser extremamente fortalecedor. Juntas, podemos nos apoiar e crescer de forma coletiva.

Lembre-se sempre do seu valor. Você é poderosa não apesar das suas vulnerabilidades, mas por causa delas. Ao abraçar sua autenticidade, você se torna uma versão mais completa e empoderada de si mesma.

Eu convido você a iniciar sua jornada de reconexão com o feminino. Comece pequeno, reconhecendo suas necessidades e dedicando tempo para si mesma. Busque apoio, seja através de amigos, mentores ou profissionais, ou uma comunidade de mulheres e saiba que você não está sozinha. Estou aqui para ajudar você nessa jornada de transformação. Redefina sua força e se permita ser vulnerável. Lembre-se: a verdadeira força vem de viver autenticamente e abraçar todas as partes de quem você é. Juntas, podemos transformar nossas vidas e criar um impacto positivo no mundo.

"A reconexão com
o nosso feminino
começa quando
deixamos de
ser guerreiras e
passamos a ser
rainhas. Eu acredito
nessa transformação,
e você?"

Maria de Fátima

Mery Amador

Sou Mery Amador, psicanalista clínica e mentora especializada em Autoestima e Confiança Feminina. Ao longo dos anos, passei de uma mulher marcada por um profundo vazio e insegurança para uma voz de encorajamento e transformação na vida de outras mulheres. Acredito na singularidade de cada pessoa e na importância de uma vida alinhada com nossos valores. Por meio do meu trabalho, ajudo mulheres a serem livres da necessidade de validação externa, a abraçarem sua autenticidade, a cultivarem autoimagem positiva, equilíbrio emocional e descoberta de seu potencial ilimitado para uma vida com propósito. Sou uma filha amada de Deus, casada há 23 anos com Fabrício e mãe de dois filhos lindos, Izadora e Bernardo. Sigo crendo que o amor e a fé são fundamentais para uma vida completa e abundante.

soumeryamador

17 ENTREGA, DEIXA DEUS MULTIPLICAR

Por Mery Amador

Há alguns anos, Deus tenta chamar a minha atenção para o essencial. Ele falava sobre tempo, apontava minha agenda e eu achava que estava querendo mais tempo comigo, tempo de oração e intimidade. Sempre gostei de agenda, então marquei horários inclusive para nossos momentos, mas, quando não conseguia cumprir, me sentia culpada. Era como se Deus estivesse sempre insatisfeito comigo. Tudo que eu desejava era ser aprovada, mas eram muitas tarefas, meu *check-list* do dia ficava incompleto e, por não dar conta de tudo, os sentimentos de insuficiência, impotência e não merecimento não me deixavam desfrutar do amor incondicional que Ele já havia manifestado por mim.

Essencial: que constitui o mais básico ou o mais importante em algo; fundamental.

Existe uma enorme distância entre conhecer e viver os princípios de Deus, a prática é um tanto desafiadora. Somos a geração do automático, nossa mente nem sempre está junto ao nosso corpo, fazemos muitas coisas sem parar para pensar se isso faz sentido ou se está alinhado aos planos de Deus ou aos nossos valores. Senti o peso de uma vida comum, presa à segurança terrena, mesmo já tendo sido comprada por um alto preço e pertencendo a um reino invisível, mas real.

"Já estou crucificado com Cristo, e vivo, não mais eu, mas Cristo vive em mim" (Gálatas 2:20). Eu estava cansada de lutar com minhas forças, desejando Cristo em mim, ser cuidada por Ele em todo tempo. A segurança terrena nos faz mudar a ordem das coisas; sabemos a ordem, mas, na prática, desorganizamos com nosso controle.

O tempo passava e, com o cansaço, vinham muitas descobertas, o meu trabalho tinha um trono dentro de mim e minha família não recebia o meu melhor. Até mesmo o meu chamado ministerial tinha um lugar de privilégio; aquelas mulheres recebiam mais de mim do que meus filhos e meu marido. Eu tinha muitas funções, mas eu só precisava ocupar meu lugar. Entendi de onde vinham essas prioridades: fui contaminada desde a infância pela hiperprodutividade, tentando provar inconscientemente o meu valor e desejando reconhecimento através da utilidade, do muito fazer. Tudo que eu fazia parecia pouco, insuficiente. Eu mesma não conseguia reconhecer meu valor. Não é sobre não exercer vários papéis, é sobre equilibrar a quantidade do investimento que se faz em cada um deles, porque, em tudo que tem valor para nós, investimos tempo, dinheiro e energia.

Rejeitei por muito tempo a ideia de ser somente mãe ou dona de casa, pensando: "Ninguém valoriza o serviço doméstico". Na verdade, eu mesma não valorizava. Movida pelas minhas dores, rejeitei o feminino, a fragilidade, a delicadeza por longos anos. Esqueci por muito tempo o valor de um café sem pressa, de uma conversa à mesa, das brincadeiras na rua com minha filha, do cuidado e do amor manifesto em cada gesto, em cada tarefa doméstica, do prazer de arrumar a cama ou as gavetas, dos detalhes da mesa posta.

Já casada, desejei muito ser mãe, mas, quando minha primeira filha nasceu, surgiram também os problemas no casamento. Queria ser perfeita no papel de mãe e foi pesado. A falta de segurança no casamento fez muitas feridas voltarem a sangrar e ainda outras aparecerem. Isso me fez desejar trabalhar fora, fazer dinheiro e buscar reconhecimento. A ferida da traição não me permitiu mais confiar, me levou a lutar por controle e autossuficiência, se tornou meu escudo, minha proteção.

A falta de amor e valor só aumentava. Eu era ansiosa e não me sentia boa o suficiente. Vivendo anos rodeada de pessoas, me sentia sozinha, com feridas sangrando. Atropelei minhas dores, guardando-as debaixo do tapete e me dedicando ao trabalho. Não há problemas em trabalhar fora, mas só há um lugar onde seremos verdadeiramente felizes e realizadas: no centro da vontade de Deus.

Num certo dia, tive um encontro com a fonte do próprio amor. Nunca havia experimentado nada parecido. Mateus 18:11 diz: "Eu vim para buscar e salvar o que se havia perdido". Era eu, como a ovelha perdida, Ele abriu mão das 99 para me encontrar. Eu me senti importante, especial. Que amor é esse? Escandaloso e extravagante, me deu um lugar à mesa, chamou-me pelo nome e me revelou Seu coração. Jeremias 33:3 diz: "Clama a mim, e responder-te-ei, e anunciar-te-ei coisas grandes e firmes que não sabes".

Nosso caminhar foi desafiador. Minha falta de confiança em pessoas se transferia para Deus. Experimentar águas mais profundas era difícil, perigoso demais, mas Ele continuava a me chamar para um lugar onde eu precisava confiar ainda mais. Quanto mais eu permitia, mais Ele depositava tesouros neste vaso de barro. Ele me honrou, capacitou e enxergou habilidades em mim que nem eu mesma reconhecia.

Quando eu questionava "Por que eu, Senhor?", Ele me respondia: "Porque você está disponível". Maria, mãe de Jesus, é uma inspiração para mim. Ela disse: "Eis-me aqui, Senhor". Nos tempos de hoje, parece honra, mas naquela época, era loucura. Ela aceitou correr o risco, viver uma vida perigosa. O que estamos dispostos a passar em prol dos planos de Deus? Entendi que nada é sobre nós, mas sobre os planos perfeitos dEle.

Ele me fez importante e amada, usada como ferramenta abençoando vidas. A timidez foi embora, pois provava que era Ele quem agia. Meu cansaço e atarefamento me levaram a um nível de exaustão em que só conseguia manter meus órgãos vitais funcionando; era essa a minha sensação. Deus sabia que eu não estava mais dando conta de tudo, mas parar era tão difícil, até humilhante. Deus disse: "Entrega, o ministério é meu". E eu disse: "E as pessoas, Senhor?". Há tempo para tudo e aquele era tempo de descansar.

Encarar minha fraqueza e inutilidade foi difícil. Deixei a liderança do grupo de mulheres, as visitas, o curso de psicanálise, o estágio. Não recebia visitas e não ia à igreja durante a semana. Médicos não descobriram a causa e os remédios não ajudavam. Continuei trabalhando 8 horas no emprego público, cuidando do meu filho à noite, fazendo atividade física e indo à igreja aos domingos. Parecia tão pouco. Mesmo precisando descansar, eu só queria refazer minha agenda.

Deus não queria um horário na minha agenda, Ele queria a minha agenda, o meu tudo, o controle. Foram seis meses em que meu GPS não encontrava rota alguma. Foi na escuridão que descobri que já tinha tudo que precisava, o suficiente: a poderosa presença dEle. "A minha graça te basta, porque o meu poder se aperfeiçoa na fraqueza" (2 Coríntios 12:9). Tempo de muita dor, lágrimas e pouca adoração, mas nunca estive só. Senhor, hoje sinto tantas faltas, mas sei que Você é o meu pastor, a minha torre forte, me preencha. Essas palavras me sustentaram por esses seis meses. Hoje, sou o que Deus diz que sou: filha amada.

Ele me amou na minha inutilidade, de forma extravagante. Eu não precisava fazer nada, era somente ser eu, sua filha, e aprendi a ser. Que privilégio, não conheço nenhuma herdeira deste mundo que é amada sem exigências, sem precisar dar algo em troca. Compreendi que as minhas folhas serviam de remédio, mas Jesus virá buscar fruto. Se o objetivo são frutos bons, o tratamento começa nas raízes, toda semente germina no secreto, na escuridão, chão adentro para depois surgir à vista. Árvores grandes precisam de raízes firmes e profundas, e foi no descanso malvisto pelos homens que eu cresci.

Deus me deu visões que eu não pude suportar. Sonhos brotavam no meu coração, impossíveis de realizar na minha força, imagine no tempo de fraqueza. Ouvi uma canção que dizia: "Tente lembrar se Jesus já te abandonou...". Nunca! Minhas forças eram renovadas. Ele queria que eu ocupasse o meu lugar, onde eu viveria a vontade dEle fluindo na minha essência, manifestando os meus dons e talentos que eu nem sabia que tinha.

Certo dia, Ele me disse: "Você não é nada sem mim, abra mão das medalhas e venha para o lugar da abundância". Era tudo o que eu queria, uma vida farta de Deus, de amor, de tempo, de equilíbrio emocional e ainda financeira. O trabalho perdeu o trono no meu coração, mas agora precisava entregá-lo fisicamente. Funcionária efetiva de uma empresa pública federal há nove anos, com salário fixo e tudo que isso pode representar, decidi que a entrega eu faria com alegria, inspirada na história de Ana, entendendo que tudo é dEle, tudo que tenho, inclusive eu.

1 Coríntios 2:14 diz: "Ora, o homem natural não compreende as coisas do Espírito de Deus, porque lhe parecem loucura". Como explicar essa "loucura" para minha família e amigos? Ninguém entendia. Deus revelou preciosidades somente ao meu coração e confirmava através de 1 Coríntios 2:9: "Mas, como está escrito: As coisas que o olho não viu, e o ouvido não ouviu e não subiram ao coração do homem, são as que Deus preparou para os que o amam".

Fiz transição de carreira e o tempo de chorar cessou. Em menos de um ano na minha nova profissão, muitas colheitas, minha identidade, meu relacionamento com meu marido e meus filhos, a provisão financeira, os novos amigos, as vidas transformadas através do que faço e algo muito precioso: o tempo. O dono da prata e do ouro tem me dado uma vida abundante, tem suprido além do necessário. Hoje, através destas linhas, mais uma prova disso, uma visão manifesta do tempo da escuridão.

Ana, na Bíblia, entregou Samuel e ganhou mais quatro filhos. Eu entreguei uma agenda cheia, cansativa e ganhei tempo. Tempo para me cuidar, tempo para minha família, tempo até para uma soneca após o almoço ou simplesmente para fazer nada, tempo para fazer o que gosto, tempo para um café com as amigas, tempo para arrumar as gavetas, tempo para gastar com quem importa ou com o que realmente importa.

Eu entreguei o controle, o meu tudo e nada perdi. Se isso for viver em perigo, eu aceito o risco. O risco de uma vida meio louca para alguns, do novo, do lugar onde nunca pisei, de estar no centro da boa, perfeita e agradável vontade de Deus, neste lugar de abundância. Porque Ele me diz: "Ainda tem mais, é maior". Ora, aquele que é poderoso para fazer tudo muito mais abundantemente além daquilo que pedimos ou pensamos, segundo o poder que em nós opera (Efésios 3:20).

Referência bibliográfica

BÍBLIA Sagrada. Almeida, revisada e corrigida. Barueri: Sociedade Bíblica do Brasil, [s.d.].

"Deus não quer um horário, Ele quer a agenda."

Mery Amador

Michelle Rios

Meu nome é Michelle Rios, nasci e moro em São Paulo/SP. Sou casada e tenho uma filha de 1 ano e um enteado de 12 anos.

Trabalho na área de Recursos Humanos há quinze anos e já atuei em empresas nacionais e multinacionais de grande porte. Depois de passar por um intenso processo de transformação, eu me tornei mentora em Autoestima e Confiança e terapeuta em Reprogramação Emocional, para ajudar as pessoas que sofrem em silêncio as dores da falta de amor-próprio.

Acredito fielmente que só é possível transformar nossas dores em superação quando saímos do papel de vítima da nossa história e nos tornamos protagonistas da nossa própria vida.

mirios.oficial

+55 (11) 94145-1211

michelle.serrano.rios@gmail.com

Michelle Rios

18 O PODER DO AMOR-PRÓPRIO

Por Michelle Rios

Eu sempre fui muito quieta, retraída, escondida no fundo de mim mesma. Eu me sentia inadequada, inferior às pessoas com quem eu convivia, com medo constante de dizer algo errado e ser ridicularizada. Eu me escondia atrás de um silêncio que julgava protetor, mas que na verdade era um reflexo da minha falta de autoconfiança. Esse sentimento de inferioridade me acompanhou durante muitos anos e começou a moldar a forma como eu vivia e interagia com o mundo.

Comecei a trabalhar cedo, aos 15 anos, na tentativa de conquistar a liberdade que eu via minhas irmãs, alguns anos mais velhas, terem. Mas, por mais que eu me esforçasse, sentia como se algo estivesse sempre me puxando para trás. Eu era daquelas pessoas que começavam mil atividades, mas raramente as terminava. Cursos, esportes, *hobbies*... Tudo era abandonado no meio do caminho; eu sempre encontrava algo que me desmotivava a continuar. Por mais que eu desejasse crescer, tanto pessoalmente quanto profissionalmente, parecia que nunca sabia para onde queria ir ou aonde gostaria de chegar.

O trabalho, durante muito tempo, foi o foco principal da minha vida. Eu me dedicava intensamente, trabalhava longas horas e sacrificava momentos com minha família e amigos para me sentir útil e valiosa. Mesmo com todas as conquistas profissionais, sentia que nunca era o suficiente. Eu estava sempre em dívida comigo mesma, achando que deveria ter feito algo melhor, mais rápido, mais perfeito. Isso me fazia mergulhar cada vez mais no trabalho, que era a única coisa em que eu acreditava ser realmente boa, e os reconhecimentos que eu recebia me motivavam a continuar nesse ciclo interminável de esforço e exaustão. Por mais que eu mudasse de emprego, a situação se repetia e eu achava que a grande quantidade de trabalho era comum na área em que eu atuava, mas, somente depois de alguns processos de autoconhecimento, entendi que me ocupava demais para não ter que lidar com os problemas da minha vida pessoal, afinal, todo excesso esconde uma falta.

Essa dedicação ao trabalho trouxe frutos, mas também me levou a perder momentos importantes e a evitar grandes decisões na minha vida pessoal. O maior exemplo disso era o medo avassalador que eu tinha de ser mãe. Achava que eu não era capaz de cuidar nem de mim mesma, quem dirá de um bebê. Acreditava que um filho acabaria com minha carreira, com minhas chances de crescimento, com minha busca incessante por uma felicidade que eu sequer sabia onde encontrar. Eu estava presa em uma armadilha que eu mesma havia criado.

Devido à falta de autoestima, eu não conseguia me posicionar, tanto no trabalho quanto nas minhas relações pessoais. Aceitava coisas com as quais não concordava, só para não ser abandonada. Meus relacionamentos eram turbulentos e eu não me sentia pronta para vivenciar coisas novas nem capaz de realizar meus sonhos. A sensação de inadequação era constante. Eu não me achava merecedora de ser amada, tampouco confiava nas pessoas.

Essa falta de amor-próprio se manifestava de várias formas. Eu adoecia com frequência e percebi, mais tarde, que essas doenças repetitivas traziam um benefício oculto: elas faziam eu me sentir cuidada pelas outras pessoas. Minha relação com o dinheiro também era problemática: quanto mais eu ganhava, mais me endividava. Parecia que o dinheiro escorria pelas minhas mãos e eu não sabia em que ele era aplicado. Depois, descobri que estava repetindo comportamentos familiares, agindo de forma inconsciente para me sentir pertencente e amada. Eu não queria ser próspera para não parecer ingrata, como se eu não pudesse ter mais coisas que a minha família. No fundo, eu me sentia uma fraude. As pessoas me viam como uma pessoa confiante, porque eu aceitava novos empregos e desafios com aparente facilidade, mas, na verdade, eu buscava tantas mudanças porque nunca me sentia feliz em lugar nenhum.

A mudança começou a acontecer quando meu relacionamento, que já durava quatro anos, entrou em crise. Chegamos a nos separar temporariamente, acreditando que a solução para minha infelicidade estava na separação. Eu pensei que, ao sair daquele relacionamento, encontraria a felicidade que tanto procurava. Mas, ao contrário disso, eu continuei me sentindo vazia, perdida, sem saber quem eu era ou o que queria da vida, e ainda me sentindo culpada por ter me afastado de uma pessoa tão especial. Não via mais sentido nas coisas que fazia, me sentia fracassada e incapaz de sonhar. Foi um período sombrio, durante o qual eu estava fechada para a vida, convencida de que nada dava certo para mim.

Foi nesse momento de desespero que uma amiga, percebendo meu sofrimento, me levou a um treinamento prático de Inteligência Emocional. Eu nem sabia o que era isso e, sinceramente, já estava cansada de tentar buscar ajuda, sem ver nenhuma mudança real. Mas decidi participar, porque sempre gostei de aprender coisas novas e àquela altura já não tinha nada a perder. Esse treinamento foi um divisor de águas na minha vida. Ali, entendi que havia uma chance, um caminho desconhecido para dentro de mim e que, se eu o percorresse, ele me levaria à felicidade que tanto almejava.

A partir desse ponto, comecei a trabalhar conscientemente na forma como eu me enxergava e me tratava. Participei de diversos treinamentos vivenciais que trouxeram à tona dores emocionais profundas que estavam guardadas no meu inconsciente e me ensinaram ferramentas para lidar com os altos e baixos emocionais. Aos poucos, fui mudando pequenos hábitos que destruíam minha autoestima diariamente. Parei de me criticar, de me comparar com os outros, de me cobrar perfeição em tudo. Aprendi a aceitar meus erros e a reconhecer minhas conquistas, grandes e pequenas, fui aprendendo a ser mais gentil comigo mesma, a me tratar com compaixão.

Foi um processo desafiador. Percebi que eu tinha um padrão de fugir dos problemas e me afastar das pessoas em vez de conversar, pois não conseguia me posicionar. Tive que aceitar e acolher minhas dores e limitações, aprender a perdoar a mim mesma e aos outros. Foi difícil acreditar que eu conseguiria mudar, pois frequentemente as pessoas nos rotulam e, se não nos conhecemos e valorizamos, acabamos acreditando que somos o que falam de nós. No meu caso, eu sempre ouvi que era chata, uma pessoa difícil de lidar, teimosa, que não sabia me comunicar direito, que era muito competente, mas que não estava pronta para assumir posições maiores no trabalho. Eu precisei me reconectar com minha força e essência para entender que eu não sou o que falam de mim. Aprendi que nossos comportamentos são influenciados por várias coisas, incluindo as experiências da nossa infância, e que todos carregamos feridas emocionais. Não há vítimas ou culpados por isso, apenas seres humanos tentando lidar com suas próprias dores. Com o tempo, consegui me livrar das culpas que carregava e parei de julgar os outros tão severamente.

A transformação interna começou a refletir externamente. Aceitei meus medos e aprendi a lidar com eles. Não permitia mais que o comportamento dos outros me fizesse duvidar dos meus valores ou da minha capacidade. Parei de querer agradar aos outros ou ter medo de não pertencer a algum grupo. Uma das maiores mudanças foi ter a coragem para me tornar mãe.

Aprendi a impor e comunicar limites nas minhas relações, a me posicionar de forma pacífica e a acreditar no meu potencial. Isso me deu a coragem necessária para assumir novos e grandes desafios e, como resultado, hoje me sinto realizada tanto pessoal quanto profissionalmente. Minha maior vitória foi aprender que o amor-próprio é a chave para transformar qualquer realidade e ajudar outras pessoas a passarem pela transformação que eu vivi, algo maravilhoso que eu jamais imaginei viver.

Hoje, sou casada com Júlio, que tanto admiro e que é meu maior incentivador, e nosso relacionamento, que já enfrentou tantas dificuldades, reconstruiu-se e amadureceu. Nossa filha, Lavínia, é uma menina doce, alegre e cheia de personalidade, que me permitiu conhecer um amor puro, sincero e incondicional. Conquistei uma vida financeira saudável e próspera, realizei sonhos materiais, como viajar, ter minha própria casa e carro e, o mais importante, é que agora me sinto merecedora de tudo isso e capaz de sonhar, mas também de realizar. Aprecio minha própria companhia e a angústia constante que eu sentia deu lugar a uma paz que antes era inimaginável.

Entender que sou a minha própria fonte de amor incondicional fez com que eu parasse de esperar que os outros me dessem algo que eles jamais poderiam me dar. Hoje, me sinto feliz e completa e o amor que recebo das pessoas é um bônus, não uma necessidade. Para aquelas que estão em busca de melhorar sua autoestima, digo: conheça sua história de vida. É lá que estão suas dores, mas também sua força para curar suas feridas emocionais. Acredite que não há nenhum sofrimento que não possa ser transformado em superação. Não se acostume com o sofrimento. Você veio a este mundo para ser feliz e merece o melhor que a vida tem a oferecer, então não se contente com menos do que isso.

"Minha maior vitória
foi aprender que o
amor-próprio
é a chave para
transformar
qualquer realidade."

Michelle Rios

Neila Thums

Meu nome é Neila Thums, tenho 27 anos, sou esposa do Deivid Prigol, mamãe do Otávio, do Mathias e de um anjinho. Sou mentora de empresárias, escritora, especialista em Autoestima e Poder Pessoal.

Entre minhas formações estão: Recursos Humanos, Neurociência e Física da Consciência, Hipnose Ericksoniana, Clínica e Não Verbal, Mesmerismo, Programação Neurolinguística, Radiestesia e Radiônica e mestra em Reiki Usui.

Minha missão é tornar empresárias em mulheres autênticas, plenas e alinhadas com o seu propósito. Sou criadora dos métodos Ser de Poder e Mulher Virtuosa e Próspera, que vêm transformando a vida de milhares de mulheres pelo mundo todo. E a próxima pode ser você!

Vamos juntas?

neilathums

+55 (49) 99171-5404

neilathums10@gmail.com

19 O PODER DE SE TORNAR UMA MULHER VIRTUOSA E PRÓSPERA

Por Neila Thums

Seja muito bem-vinda a este capítulo. Ao final dele, tenha certeza de que você já não será mais a mesma pessoa e terá acesso a uma porta que só você tem a chave para abrir. Continue lendo este capítulo apenas se você estiver realmente disposta a fazer um encontro com você mesma e se tornar uma mulher Virtuosa e Próspera conectada com a sua autenticidade, seu poder e o seu verdadeiro propósito.

Bom, a minha jornada começou desde muito cedo, antes mesmo de eu nascer. Sim, eu cresci ouvindo que eu vim de metida, já que foi uma gravidez indesejada. A partir de então, precisei lidar com a rejeição. Desde pequena, fui muito magrinha e sofri muito *bullying* por causa disso, não só na escola, mas na vida.

Como fui mãe aos 15 anos, enfrentei muito preconceito e muitos julgamentos. Chegou ao ponto de eu pesar 39 kg mesmo depois de ser mãe duas vezes. A minha forma física era apenas um reflexo do quanto eu estava perdida de mim mesma e vivia uma vida cheia de limitações. Eu não fui ensinada a olhar para mim, a me conhecer, a saber qual é a minha versão potente e qual a minha versão limitada, a entender as minhas emoções e muito menos a escolher todos os dias me amar em primeiro lugar. Possivelmente, você também não foi.

Aqueles 39 kg refletiam o nível de escassez mental e emocional que eu vivia. A minha forma física fazia eu me sentir menos mulher, insuficiente, indesejada, feia. Cansei de ouvir que homem gosta de mulher carnuda e não de couro e ossos. Isso me doía muito. Eu olhava para as outras mulheres e todas tinham coxas grossas, por que só eu não? Parece uma coisa tão boba, né? Mas para mim não era. Assim como você tem questões muito importantes para você e que muitas vezes as pessoas tentam diminuir a importância ou menosprezar.

Na verdade, era a baixa autoestima e a desconexão com quem eu realmente era que me levaram a ter aquele peso, a aceitar ficar em relacionamentos abusivos e tóxicos, a estar sempre endividada, cansada, exausta, sobrecarregada, a querer ficar o tempo todo agradando as pessoas, achar que eu não era boa o suficiente, triste e ansiosa. Desenvolvi compulsão por compras; eu não gostava de quem eu era e, de alguma forma, eu precisava tentar me sentir melhor e ser notada, afinal isso é uma das necessidades básicas de todo ser humano. Isso foi formando uma bola de neve e um ciclo de dor e escassez infinito, que já vinha inclusive de outras gerações na minha família, então alguém precisava quebrar esse ciclo e esse alguém fui eu.

Eu tenho o empreendedorismo na veia, mas todo negócio que eu começava não fluía, eu desistia ou não conseguia me manter focada, me desmotivava com muita facilidade, e isso também era um reflexo da invalidação da minha identidade. Mas todos os negócios que me propus a empreender, unido com experiências, formações e especializações, serviram para que hoje eu pudesse viver o meu propósito, que é tornar empresárias em mulheres autênticas, realizadas e prósperas em todas as áreas da vida.

A minha vida mudou completamente quando eu me tornei uma mulher Virtuosa e Próspera e a sua também pode mudar, e para muito melhor. Quem sabe tenha vindo um pensamento involuntário na sua mente de que isso não é possível ou é muito difícil, mas eu estou aqui para provar que é totalmente possível e que acima de tudo você é merecedora de viver a plenitude.

Eu me deparo todos os dias com dois tipos de mulheres: o primeiro tipo é de mulheres empoderadas, que estão à frente de empresas, fazendo negociações milionárias, com uma conta bancária generosa, fazendo viagens, com o botox em dia, usando roupas de marca e vivendo uma vida de luxo e glamour. Mas isso tudo serve como um escudo; muitas vezes para elas mesmas tentarem se convencer de que está tudo bem, quando na verdade não conseguem ficar sozinhas dentro de casa, não têm amizades genuínas, vivem crises de ansiedade, enfrentam traições não só no casamento, mas nas amizades e dentro dos seus negócios, usam o externo para tentar driblar o vazio e a insatisfação interna. Essas mulheres, por muitas vezes, têm dificuldade em pedir e aceitar ajuda.

O segundo tipo de mulheres é das que se desleixaram da sua aparência, muitas vezes da casa, não têm motivação, gostariam de se enfiar debaixo das cobertas e não sair mais, são sensíveis, colocam a culpa nos outros, não conseguem ter constância. O dinheiro muitas vezes até chega, mas elas não conseguem multiplicar e construir riqueza e patrimônio como gostariam, sentem-se estagnadas. Essas mulheres muitas vezes querem ajuda, mas não sabem por onde começar e por isso paralisam.

Com qual você mais se identificou?

Esses dois tipos de mulheres se encontram em um ponto: não sabem quem são de verdade e qual o seu verdadeiro valor e não têm um propósito claro e definido. E isso faz com que sintam um vazio existencial que, por vezes, nem elas sabem de onde vem. Aos olhos das outras pessoas, parecem que tem tudo, mas na verdade elas sentem que não tem nada. Isso ressoa em você?

Pode ser que, lá no início do capítulo, você tenha se questionado o que é de fato ser uma mulher Virtuosa e Próspera. Essas palavras carregam um poder transformador, capaz de mudar não apenas a sua vida, mas também a daqueles ao seu redor.

Uma mulher virtuosa é aquela que, com delicadeza e sabedoria, toca os corações com suas palavras doces e inspiradoras. Ela é a personificação da empatia e do cuidado, construindo relacionamentos profundos e verdadeiros. Sua presença acalma e motiva, criando um ambiente onde o amor e a compreensão florescem.

No entanto, ser virtuosa não significa ser passiva. Uma mulher próspera é implacável em suas ações. Ela persegue seus objetivos com determinação e coragem, sabendo que sua força interior é capaz de superar qualquer obstáculo. Ela não se contenta com menos do que merece e trabalha intencional e estrategicamente para alcançar seus sonhos e propósitos.

Imagine você unindo o seu poder com sua potência se tornando uma mulher virtuosa e próspera vivendo alinhada com seus valores essenciais, agindo com integridade, sabedoria e compaixão, cultivando a abundância em todas as áreas da vida. Uma mulher virtuosa que reflete a força interior, o caráter e a capacidade de edificar o seu lar os ambientes e suas relações com amor e intencionalidade. A prosperidade, indo além do financeiro, abrangendo também a saúde emocional, espiritual e mental. Sendo uma mulher virtuosa e próspera que sabe quem é, que vive seu propósito e contribui de maneira significativa para o mundo, multiplicando riqueza e bem-estar ao seu redor.

Chegou a hora de você se tornar essa mulher Virtuosa e Próspera. O caminho para essa transformação começa com uma escolha: a de se reconectar com o seu poder pessoal e de se alinhar com o seu propósito de vida. É uma jornada que exige coragem, mas que traz recompensas imensuráveis. Ao ativar a sua identidade e cultivar uma relação mais profunda consigo mesma, você verá mudanças em todas as áreas da sua vida.

O Método Mulher Virtuosa e Próspera foi desenvolvido com base na mulher de provérbios que a Bíblia cita e quero apresentar a você os três principais pilares que são trabalhados dentro desse método transformador.

- **Propósito:** você descobrirá que sua missão vai muito além dos negócios. Seu propósito está ligado ao seu servir, ao impacto que você gera no mundo. Quando você se conecta com isso, seu trabalho se torna um canal para manifestar o melhor de si. Aqui você descobre para que veio servir e de que forma.
- **Família:** você aprenderá a se nutrir emocionalmente e a fortalecer seus relacionamentos. Ao se conectar com sua essência, você estará mais presente e capaz de oferecer apoio, amor e liderança à sua família de forma autêntica. Torna-se uma mulher de virtudes, ocupa o seu lugar de rainha dentro do lar e onde se propõe estar.
- **Negócios:** você verá que, ao se valorizar, seu negócio cresce de forma natural. Com uma autoestima fortalecida, você se posiciona com mais confiança, toma decisões assertivas e lidera com uma presença magnética que atrai oportunidades e prosperidade. Você é a sua marca, pessoas compram de pessoas.

Na sua identidade, está o seu poder; no seu propósito, está a sua potência. Primeiro você se conecta e ativa, depois você expande e transborda.

Se você deseja se tornar uma mulher próspera, o primeiro passo é decidir se amar e estar em ambientes de virtudes, porque em ambientes há pessoas, pessoas têm ideias, ideias conduzem as nossas ações e são as nossas ações que geram os nossos resultados. Então, esteja em ambientes em que há pessoas que já têm os resultados que você deseja. As pessoas têm o "como" e, na maioria das vezes, você até sabe o que precisa fazer, mas não sabe como fazer e o "como" sempre está com uma pessoa e em algum lugar. Entenda, sem acesso não há sucesso. A sua oportunidade sempre está na mão de alguém!

Muitas pessoas simplesmente não conseguem ter a vida que desejam, porque continuam alimentando a vida que não querem mais, então decida qual é o preço que você vai querer pagar. A vida sempre cobra um preço e pode ser que você esteja pagando um preço alto demais por fugir de ser quem você nasceu para ser. Escolha se tornar uma mulher de valor e você será reconhecida e recompensada por isso.

Nós nascemos para espalhar e não para acumular. Coloque sua voz no mundo, ninguém faz como você faz, com o seu jeito. Por mais que outras pessoas tenham as mesmas formações e qualificações, elas não têm a sua história de vida, porque você é única e preciosa. Tenha coragem e atitude para ser quem você nasceu para ser. A sua atitude define a sua altitude.

Se você chegou até aqui, acredite, não foi por acaso. Existe um chamado que não é meu, mas sim da sua alma, então atenda ao chamado.

Você chegou até aqui, quero honrá-la presenteando-a com uma sessão de mentoria diretamente comigo e 100% gratuita. Basta entrar em contato comigo pelo WhatsApp ou pelo Instagram, que estão no início deste capítulo, e dizer que você é uma leitora deste livro. Será uma honra pegar na sua mão e conduzir você em uma jornada ainda mais profunda de libertação, conexão e expansão. Use a chave que só você tem para abrir a porta que só você pode abrir.

Vamos juntas?

"Na sua identidade,
está o seu poder;
no seu propósito,
está a sua potência.
Primeiro você se
conecta e ativa,
depois você
expande
e transborda."

Neila Thums

Rafaela Medeiros

Sou Rafaela Medeiros, paulista e de família nordestina, encantada pelo universo espiritual e apaixonada por livros e uma boa risada. Minha paixão por livros me levou à graduação em Letras e ao sonho de ser escritora, mesmo não fazendo ideia de como isso seria possível, nem sobre o que escreveria.

Porém, ao ficar viúva aos 27 anos, vivenciei uma dor que jamais imaginei ser possível sentir e conheci a escuridão de um coração profundamente ferido. Mas também descobri como o amor-próprio pode ser transformador e vivi uma jornada de cura e de renascimento a partir do luto.

E isso me levou ao que eu escreveria: a descoberta de que é possível atravessar o mar de dor após uma perda, renascer e encontrar a si mesma na superfície, em uma versão ainda mais bela que antes.

sourafaelamedeiros

20 LÓTUS: A JORNADA DE LUTO E RENASCIMENTO

Por Rafaela Medeiros

> Prometo amar-te e respeitar-te na alegria e na tristeza, na saúde e na doença, na riqueza e na pobreza, por todos os dias da minha vida, até que a morte nos separe.

Muitas de nós sonhamos desde criancinhas com o dia em que faremos esse voto. Eu fui uma dessas meninas que sonhava em se casar e realizei esse grande sonho aos 21 anos. E esperava que já estivéssemos velhinhos quando esse tal dia da separação chegasse, mas não foi bem assim.

Às vezes, esse dia chega rápido demais, sem pedir licença e muitas vezes sem aviso prévio. Não importa se deu tempo de se despedir, de dar um beijo ou um abraço, de olhar nos olhos e dizer que ama, pedir desculpas ou dizer obrigado. Não importa o choro, as súplicas, os "nãos" gritados a plenos pulmões ou silenciados na garganta, nem qualquer outra reação desesperada em meio à dor. Quando é hora, a morte simplesmente chega e cumpre sua missão de levar aquele que precisa partir.

Cinco anos e nove meses depois do nosso "sim" no altar, eu repetia desesperadamente a palavra "não" enquanto era tomada pelo choque de ver meu marido sem vida em cima de uma maca no hospital. Ainda não encontro palavras suficientes para descrever o quanto foi doloroso passar pelo falecimento dele. Resumidamente, posso dizer que senti o mundo desabar; é como se eu tivesse sido arrancada de um jardim florido e jogada em alto-mar, sem saber nadar. Eu me senti sozinha, desamparada, perdida e com o coração dilacerado, parecendo impossível suportar a dor e a tristeza que tomavam meu ser.

Eu fui muito feliz ao lado do Gabriel! Amei esse homem de todo o meu coração e fui muito amada por ele. Ele abriu meus olhos para o mundo, ajudando-me a enxergar que a vida poderia ter outros caminhos além daquele único que eu conhecia; e também me ajudou a ter coragem de abrir as asas e voar desbravando esses caminhos.

Ele acreditava mais em mim do que eu mesma, dizendo-me que, se por apenas um dia eu conseguisse me enxergar como ele me via, eu seria capaz de dominar o mundo. E como eu não ouviria mais isso dele, tatuei a frase "Se você pudesse ver você pelos olhos meus", para manter viva essa lembrança de acreditar em mim.

Isso que ele me dizia é incrivelmente lindo, mas demonstra um grande problema daquela época: eu não reconhecia a minha capacidade, não tinha autoconfiança e era dependente emocionalmente dele. Sofri por causa disso nos primeiros anos do casamento e a cada situação conflituosa, eu era tomada por um medo gigante de perdê-lo. Eu não conseguia imaginar como poderia viver sem ele e preferia perder a minha própria vida do que me separar dele.

Precisei passar por situações dolorosas até enxergar que eu amava mais o meu marido do que a mim mesma e que, em vez de me reconhecer e cuidar bem de mim, eu me diminuía e tinha nele a minha única fonte de amor. Acredito que se eu não tivesse enxergado isso e começado a trabalhar essa dependência, provavelmente eu não teria sobrevivido ao luto.

A partida do Gabriel foi muito rápida, num intervalo de nove dias ele passou mal e foi piorando, até que faleceu. Na noite de 9 de novembro de 2020, eu fiquei viúva, aos 27 anos, e precisei passar por esse momento completamente sozinha, já que nós dois estávamos em outro estado, longe das nossas famílias e dos nossos amigos, e por isso ninguém pôde estar presencialmente comigo naquele momento, o que intensificou ainda mais a minha dor.

A partir dali, começou minha longa e solitária jornada do luto. Eu me sentia perdida, desesperada e ninguém podia fazer nada para amenizar a minha dor. Percebi que as demonstrações de carinho durante o luto, apesar de preciosas, são como pequenas gazes frias em uma queimadura - amenizam momentaneamente a dor, mas não impedem que ela volte rasgando o peito no instante seguinte.

Então ficou claro para mim que só eu poderia me ajudar a passar pelo luto. Mas como é que se fazia isso? Eu não tinha ideia. Percebi também que eu nem ao menos sabia o que era realmente o luto, ele era um completo desconhecido. Vejo a morte como um tabu na nossa sociedade; não se fala sobre isso antes de ela acontecer, para não atrair, e menos ainda depois que ela chega, para não piorar tudo. Mas isso gera um grande problema, já que inevitavelmente todos nós precisaremos lidar com a morte em algum momento, e aí ficamos perdidos, sem saber o que está acontecendo conosco quando estamos enlutados, nem como lidar com uma pessoa nessa condição.

Só na prática é que eu descobri, por exemplo, que existem diversos estágios do luto e que passamos por períodos de raiva, depressão, negação etc. Descobri como a dor emocional é capaz de se manifestar no físico, fazendo o coração doer como se estivesse sendo queimado em uma labareda de fogo ardente. Descobri tanta coisa, mas principalmente que nada é por acaso e que, se aconteceu, é porque precisava acontecer exatamente daquela forma.

Ouvimos muito que o tempo cura, mas acredito que isso é verdade apenas em partes. Imagine uma ferida no seu corpo, bem grande, profunda e infeccionada. Se você não fizer nada, muito provavelmente ela vai piorar; pode até ser que pareça estar melhorando e criando uma casquinha, mas a infecção certamente vai trazer grandes complicações em algum momento. E penso que é assim também com o luto.

O tempo vai ajudar a curar essa grande ferida no seu coração, desde que você limpe, cuide dela diariamente com muita gentileza, até que ela se feche e a cicatrização comece a acontecer e aí sim você possa deixar o tempo se encarregar do resto. E observe que, para não piorar, esse ferimento precisa ser cuidado com muita gentileza.

Após uma perda, precisamos ter essa mesma gentileza conosco. Esses momentos de intensa dor, como o luto, são quando nós mais precisamos de acolhimento - de outras pessoas e de nós mesmas em primeiro lugar. É necessário acolhermos a nossa dor, cuidarmos muito bem das nossas emoções, corpo, saúde e espírito. Talvez você pense que a vida perdeu o sentido depois da perda e que nada disso valha a pena, mas não se deixe acreditar nessa falsa sensação.

Eu pensei assim e também perdi completamente minha identidade ao ficar viúva; não conseguia mais saber quem eu era em unidade. Quem era a Rafaela sem o Gabriel? Do que eu gostava, sem as preferências dele? O que eu realmente queria para minha vida, sem os planos dele? Quais eram os meus sonhos, sem os dele? Eu não sabia.

Então precisei descobrir. Para isso, mergulhei profundamente em mim, me olhando de uma forma que eu nunca tinha feito. Fui desenvolvendo mais minha espiritualidade e respeitando o que eu sentia e precisava a cada momento. E então, esse período de maior sofrimento da minha vida foi ganhando a beleza da minha redescoberta, do amor por mim mesma e do meu reflorescimento.

Percebi que, mesmo parecendo que a vida tivesse perdido o sentido desde a partida do Gabriel, ela continuava pulsando em mim. O meu tempo ainda não tinha acabado e eu precisava continuar vivendo; mas precisava viver bem. Eu merecia voltar a sonhar, a ter alegria em viver, a ver beleza nas coisas, a sorrir e gargalhar, a ser feliz novamente.

E eu precisava fazer tudo isso por mim! Percebi que, por mais que eu amasse muito outras pessoas, ninguém poderia ser mais importante para mim do que eu mesma e que era extremamente injusto comigo amar e cuidar de outras pessoas, mas não me importar comigo. Amar a mim mesma, reconhecer-me, cuidar de mim e viver bem são formas de honrar a vida que me foi dada. E ao ir desenvolvendo esses aspectos, eu renasci.

Uma das últimas coisas que o Gabriel me disse foi: "Estou orgulhoso pela forma como você lidou com tudo nos últimos dias. Você vai ser uma Jujuba de só 1,60 m de altura, mas muito forte!". Ele acertou mais uma vez no que me disse. Depois de ter passado por essa perda e nas circunstâncias em que aconteceu, eu finalmente consegui enxergar como eu era forte e corajosa - muito mais do que eu podia imaginar! Mais do que ser mais forte, eu comecei a enxergar e reconhecer isso, acreditando em mim mesma. E hoje, ao olhar para a tatuagem, o pensamento que tenho é: "Agora eu vejo, agora eu me vejo".

Foi também através de todo esse processo vivido que eu percebi que seria essa a minha forma de contribuir com o mundo. Eu precisava ajudar outras mulheres a descobrirem que é possível viver o luto sem ser destruída por ele e que há em cada uma de nós uma fonte inesgotável de força e amor, capaz de nos sustentar e nos impulsionar para um recomeço.

O luto é um trabalho; é algo que exige entrega, empenho, resiliência, coragem... mas também gentileza, acolhimento, paciência, amor. E se quem estiver vivendo isso não for capaz de dar todas essas coisas a si mesma, nenhuma outra pessoa conseguirá oferecer.

O luto é uma luta diária, mas que pode ser vivida com luvas de amor. Você pode passar pelas maiores perdas da sua vida sem perder a si mesma - seja a perda de uma pessoa querida, de um membro do corpo, de um trabalho ou o término de um relacionamento. Todas essas situações são formas de luto e em todas elas você precisará se acolher e se amar para conseguir realmente curar e cicatrizar a ferida do seu coração.

E assim como uma flor de lótus, que tem suas raízes mergulhadas em um lamaçal e se ergue sobre as águas como uma exuberante flor, você também pode desabrochar acima do lamaçal emocional que viveu, mesmo que ele tenha sido escuro e denso.

Talvez seu ser esteja tão tomado de dor, que tudo isso pareça impossível. Mas, se você parar para ouvir seu coração um pouquinho, vai ver que apesar de tudo ele quer o amor e a felicidade. E está dentro de nós tudo o que buscamos fora, inclusive a cura, inclusive o amor.

Permita-se acessar essa fonte inesgotável e ser um exemplo de que existe beleza mesmo nas circunstâncias mais desafiadoras. Eu consegui florescer acima de toda a dor que vivi e você também consegue! Você pode e merece ser uma flor de lótus e emergir da lama escura de dor, desabrochando uma nova você acima de tudo isso.

"O luto é uma luta diária. Mas ela pode ser vivida com luvas de amor, que ajudarão você a passar pelas perdas da vida sem perder a si mesma."

Rafaela Medeiros

Renata Uchôa Castro

Pernambucana, 46 anos, mãe de dois filhos incríveis. Diretora financeira e de RH em Gustavo Uchôa Advogados, mentora de mulheres e palestrante. Contadora, apaixonada por desenvolvimento de pessoas, pós-graduada em Auditoria e Controladoria, MBA em Gestão de Pessoas, formação em Coach, Liderança Sistêmica e especialização em Autoestima e Autoconfiança.

Vivendo o meu processo de cura emocional, Deus tocou meu coração com o propósito de ajudar mulheres que vivem em situações semelhantes às que eu vivi. Hoje, após a especialização da Bruna, ajudo mulheres a serem transformadas, a se posicionarem na vida, tornarem-se seguras, donas de si e construírem sua autonomia emocional.

Com muita alegria, convido você a conhecer e fazer parte da mentoria Vozes - Dê Voz a Quem Você É.

reempodera.on

+55 (16) 98157-3454

Renata Uchôa

21 DÊ VOZ A QUEM VOCÊ É E A QUEM VOCÊ QUISER SER

Por Renata Uchôa Castro

Eu venho de uma família pequena. Meu pai, José Ailton (*in memoriam*), era o meu xodó. Junto à minha mãe, Zélia, tiveram quatro filhos. Os dois primeiros faleceram, ficando eu e meu irmão, meu tudo e sócio, Gustavo.

Tive uma infância muito feliz, com amigos que conservo até hoje. Uma educação baseada em princípios sólidos, importantes e exemplos construtivos. Não passei necessidade financeira, mas, como toda criança, cresci com feridas emocionais e carências que só descobri após os 39 anos, ao mergulhar profundamente em autoconhecimento e autodesenvolvimento.

Eu era tímida, calada, sem voz, sem assunto, muito boazinha, não dava trabalho, calma, meiga e doce. Essas foram as características que eu mais ouvi quando pequena e adolescente.

De uma criança calada, passei a ser uma adolescente sonhadora e romântica, que esperava a chegada do príncipe no cavalo branco. Aos 15 anos, louca para namorar, conheci meu primeiro namorado. Fui traída várias vezes e toda semana uma pessoa em comum de nossa convivência falava: "Ele vai acabar". Eu só sabia ouvir, assimilar e ficar triste. Não conseguia conversar com ninguém. Até que um dia, após nove meses, minha mãe me perguntou se eu ainda estava namorando, porque ficou sabendo que ele havia passado a noite toda com uma pessoa. E ouvi a seguinte frase: "Homem é igual a biscoito. Vai um e vem dezoito". Pronto. A partir daí, meu mundo de princesa desabou.

Calada, tímida, negativa, baixa autoestima, insegura, permissiva, sem voz para responder as pessoas, sem respeitar meus limites, sem me posicionar, me moldava para caber no mundo do outro, tinha necessidade de ser reconhecida e me sentir amada, receio de emitir opinião e alguém ficar com raiva, não sabia dizer não, não me sentia merecedora de relacionamentos legais e de uma vida plena, enfim... Quando algo ia bem, logo vinha o pensamento de que haveria um acontecimento ruim, porque eu não merecia aquilo.

É certo que todos esses comportamentos foram evidenciados ao longo da minha juventude, porém não posso deixar de dizer que a origem das minhas ações está na infância e os sintomas são relacionados à falta de autoestima e amor-próprio. Desde pequena, eu não me sentia bonita e ao ouvir as pessoas me chamarem de magrinha, piorava mais ainda. Vivi longos anos com esse perfil e não tinha clareza do todo.

Em paralelo, a minha válvula de escape foi a vida profissional. Comecei a trabalhar aos 17 anos e coloquei toda a minha energia no trabalho. Estudei bastante e trabalhei muito nos finais de semana, feriados e nas madrugadas. Desse modo, fui desbravando a vida profissional.

Quem me vê, hoje, jamais imaginou que, um dia, essa menina calada estaria colocando a voz no mundo e levantando a sua bandeira. "Dê voz a quem você é e a quem você quiser ser. Seja dona de si! Seja você!". Tomei posse de mim. Abri mão dos velhos hábitos e do que não fazia mais sentido para deixar o novo entrar. Precisei me vestir de muita coragem, humildade e autorresponsabilidade. Saí da zona de conforto para o modo incomodada e inquieta, até descobrir quem eu era de verdade.

Hoje, entendo por que desde muito cedo sempre tive interesse em livros de autoestima e desenvolvimento pessoal. Porque um dia Deus plantaria em meu coração um propósito lindo, de sororidade, que nasceu quando li o livro *O despertar da leoa*, de Lisa Bevere. Um legado vindo de Deus não é meu. Eu sou apenas a ponte que vai inspirar e despertar em outras mulheres um novo olhar sobre a vida e sobre si.

Em 2018, ano de nascimento do meu segundo filho, houve um divisor de águas em minha vida. Vivi um período atrapalhado, emocionalmente, pois estava trabalhando bastante e sobrecarregada com a maternidade, marido e casa. Foi quando, após quase perder a carteira de motorista por ter levado várias multas, refleti que estava desenfreada e que, se não parasse, algo aconteceria.

Como nada é por acaso, no dia em que fui ministrar uma palestra, reencontrei uma conhecida que não via há tempos, Karina Matos, a quem sou muito grata por ter me apresentado a física quântica, o poder da mente e do pensamento. A terapia quântica mudou a minha vida, a forma de pensar e reprogramar crenças limitantes. Entendi que o pensamento gera sentimentos e os sentimentos geram ações. Comecei, então, uma viagem interior com muita sede de me conhecer e evoluir. Foram muitos processos terapêuticos, cursos e muita leitura. Só eu sabia da minha necessidade e da minha sede de reencontro comigo.

Busquei ajuda com uma amiga e mentora de mães, Dayse Teixeira, que me acolheu e direcionou bastante. Fui ao fundo do poço e ressurgi das cinzas nas sessões sobre relacionamentos disfuncionais. Adquiri consciência e aprendi muito com a maravilhosa Carolina Leão. Nesse momento, lembro com muita clareza que escolhi a mim e a minha vida. E isso fez diferença no meu caminhar. Nascia o meu verdadeiro amor por mim.

Vivi sequências de relacionamentos não saudáveis. E continuaria me permitindo, mesmo que de forma inconsciente, se não tivesse ido em busca de conhecimento e ajuda e se não quisesse enfrentar as minhas sombras. Sei que fui vítima de outras vítimas, mas também tenho ciência que o meu perfil comportamental contribuiu, pois abusadores escolhem as vítimas perfeitas.

O primeiro relacionamento tóxico que vivi foi com uma "amiga", aos 15 anos. Comecei a me incomodar, mas só me afastei depois de dois anos, porque não sabia como fazer. Não tinha conhecimento e, na época, nem se falava nisso. Também não comentava com ninguém. E, posteriormente, em outros relacionamentos. O que eu fazia nunca estava correto nem era o suficiente, sempre tinha algo, para o outro, que eu poderia fazer diferente. Invertia os fatos e me culpava. Eu me sentia injustiçada. E isso, além de acentuar meus *gaps*, trouxe consequências no meu senso crítico de querer ser perfeita e me cobrar demais. Nunca me sentia suficiente, sempre pensava que poderia melhorar. Isso me travava e fazia procrastinar muitas coisas, gerando insegurança.

Lendo o livro *A revolta do corpo*, de Alice Miller, percebi que estava vivendo uma história semelhante à do meu pai, no sentido de ser muito calada e introspectiva. Foi quando acordei para a importância de verbalizar os sentimentos e os quereres. Aprendi que falar cura. Desde então, comecei a sentir vontade de gritar para o mundo quem eu sou, o que penso e quero.

Graças ao meu lindo, doloroso e poderoso processo interno, comecei a me conhecer, reconhecer minhas virtudes, me amar e identificar a minha verdadeira identidade: alguém alegre, leve e que ama estar com pessoas.

Quando li o livro *As cinco feridas emocionais*, de Lise Bourbeau, a cura veio mais ainda, pois identifiquei as feridas formadas na infância e entendi os motivos pelos quais eu me comportava daquele jeito. As peças foram se encaixando. A visita à minha criança serviu para trazer mais lucidez. Compreendi que o passado não determina o futuro. Mas, sim, as decisões que eu tomar após o despertar da consciência.

Nesse caminhar, reconheci o meu poder, a minha força, a minha racionalidade, o meu foco nas ações e nos resultados, quando vivi um dos momentos mais desafiadores e isso só me fortaleceu, pois sempre procuro ver o lado positivo nas situações, independentemente de quais sejam.

Sem Deus, o meu percurso não seria possível. A minha andança foi toda com Ele, ajoelhando, orando e chorando. A Ele, toda a honra e toda a glória.

Entendi que precisava me perdoar antes de perdoar o outro. Meu terapeuta, Franieri Sakai, a quem também sou muito grata, falou exatamente dessa forma. “É como se você tivesse várias camadas de cebola”. Sem o autoperdão e a aceitação, eu não sairia do círculo vicioso do boicote, da procrastinação e da culpa. Reconheci a Renata adulta que habita em mim. Parei de romantizar a vida. E direcionei os meus passos sem querer agradar ninguém, apenas a mim e sendo eu mesma.

Como pode perceber, a busca pelo autoconhecimento transformou a minha mentalidade e vida. As terapias me salvaram. Finalmente, aprendi a me amar de verdade, a cuidar de mim e a reconhecer a minha real identidade. Enxerguei a mulher potente que mora em mim. Desenvolvi novas habilidades. Consegui me posicionar sem culpa, me sentir capaz, segura, dona de mim, amada, digna de relacionamentos saudáveis, merecedora de uma vida abundante e próspera. Eu me tornei uma profissional muito melhor depois que me reencontrei. Autoconhecimento e autoestima são fundamentais para qualquer pessoa. Como você vai gerir uma equipe se sentindo insegura, sem saber se posicionar e se comunicar?

Ame-se! O amor-próprio é o maior amor que a gente pode sentir por nós. O amor cura. Eu me curei por meio do meu amor e das escolhas que fiz lá atrás. A especialização em Autoestima e Autoconfiança, além de ter me proporcionado novos despertares e conhecimentos, veio para sedimentar o caminho que percorri. Eu me senti segura e apta para atuar como mentora de mulheres e contribuir com o desabrochar delas. Porque assim como eu mudei a minha história, elas também podem escrever um novo e feliz roteiro para suas vidas.

Gratidão a todos que passaram em minha vida e ao meu ex-marido, que muito me fez despertar.

E, para finalizar, preciso dizer que, quando eu estava lendo a primeira edição do livro *Mulheres que se amam*, a minha filha, na época com 7 anos, falou que eu deveria estar no livro. Na hora, eu respondi com uma força gigante: "Um dia, eu estarei, filha!". Fui invadida por uma felicidade enorme, pois, ela, tão novinha, percebeu os movimentos da mãe.

E hoje, com muita satisfação, estou fazendo parte da terceira edição. Detalhe: na época, eu nem conhecia a especialização e não sabia como isso seria materializado, tinha apenas a intenção, a força e o querer. Portanto, sonhe e deseje o melhor para a sua vida, porque você pode, é capaz e merecedora de tudo de maravilhoso que quiser ser e se propuser a viver.

A borboleta voou.

Referências bibliográficas

BEVERE, L. *Despertar da leoa*. Brasília: Edições Chara, 2020.

BOURBEAU, L. *As cinco feridas emocionais*. São Paulo: Sextante, 2020.

MILLER, A. *A revolta do corpo*. São Paulo: WMF Martins Fontes, 2011.

"Dê voz a quem você é e a quem você quiser ser. Seja dona de si! Seja você!"

Renata Uchôa Castro

Rosa Griffel

Sou Rosa Griffel, filha amada de Deus. Sou casada há dezenove anos com o meu primeiro e único amor, Célio; mãe de dois meninos lindos, Célio Marcos e Matheus Henrique (nosso mundo azul, vocês já vão entender).

Cursei Administração de Empresas, já fui feirante, trabalhei por quinze anos com CLT e agora sou empresária. Hoje, sou investidora de imóveis e CEO da Real pelo Brasil, mentora e palestrante do movimento chamado O Despertar, por meio do qual ensino mães atípicas a despertarem o amor-próprio, mesmo diante de um diagnóstico difícil.

Eu acredito que, quando mudamos a mentalidade, mudamos tudo. Deus é apoteótico e nos surpreende todos os dias. Então, *bora* agir e viver o extraordinário que Ele já desenhou para nós.

rosagriffel

realpelobrasil

+55 (21) 97008-6107

22 MUDOU MENTALIDADE, MUDOU TUDO. ENTÃO, *BORA* AGIR?

Por Rosa Griffel

Quando eu tinha 10 anos, minha mãe me deu uma barra de chocolate e duas latas prontas de recheio de brigadeiro e beijinho. Com isso, comecei minha produção própria de bombons. Assim nasceu uma empreendedora de sucesso em 1992. Eu sempre fui uma pessoa muito sonhadora, falante e alegre. Sempre me virei bem para ganhar meu dinheiro, pois achava isso importante. Eu sou a terceira de quatro irmãos, mas sempre me sentia perdida e sozinha, por mais que meu pai tenha suprido muito bem este amor. Eu tinha inveja de minhas irmãs, pois elas recebiam carinho e atenção de minha mãe.

Tudo começou assim que eu nasci, pois pouco tempo depois minha mãe teve AVC e tive que ficar com uma vizinha que também tinha acabado de dar à luz a um menino. Pelo que eu soube, fiquei por seis meses com esta família. Minha mãe estava hospitalizada, sem previsão de alta. Como eu era bebê, não sabia que estava acontecendo, mas já sentia em minha alma o sentimento de abandono. Cresci e busquei de forma exaustiva o amor de minha mãe. Pelo seu olhar, carinho e atenção era nítido a diferença entre mim, meu irmão e minhas irmãs. Nossa, como isso me doía. Então, decidi buscar esse amor na rua. Eu vivia buscando ser excelente em tudo, pois assim eu ganhava atenção e compaixão dos meus amigos e de seus pais. Minha felicidade era ficar na casa deles; sentia-me parte da família, sabe?

Sozinha buscando esse amor nas pessoas. Fiquei vulnerável e, infelizmente, aos 10 anos fui molestada pelo vizinho e amigo da família. Quando aconteceu, eu não entendi o que estava acontecendo, mas entendi que era errado, então fugi. Nunca contei nada para os meus pais. Tinha medo de que algo de ruim acontecesse.

Um ano depois, eu me apaixonei por um menino que morava perto de casa. Ele disse que gostava de mim e queria me conhecer melhor. Então, marcamos um encontro. Quando me dei conta, passei pelo maior aperto de minha vida. Dez meninos tentaram abusar de mim. Graças a Deus não aconteceu o pior, pois consegui fugir. Corri para o meu quarto, com as roupas rasgadas e sujas. Meus pais nem desconfiaram. Chorei muito naquele dia, pois já me sentia suja por meu vizinho ter me tocado, desta vez me sentia imunda, pois alguém que eu gostava se aproveitou de mim. Passei a engordar de forma gradual, pois o impostor de minha mente dizia que era a única forma de me proteger.

Cresci e continuei buscando o amor que eu não tinha de minha mãe. Chamava sua atenção de tantas formas, mas não obtive muito sucesso. Com 14 anos, conheci meu amigo, namorado, noivo, marido e pai dos meus dois filhos. Ele também tinha suas feridas na alma e, juntos, achávamos que poderíamos nos curar. Só que não. Quando nos casamos, foi algo lindo e simples, pois aproveitamos todos os detalhes do nosso casamento. Tive que aprender a ser dona de casa, esposa e ainda trabalhar fora. Confesso que foi bem difícil e complicado, mas estava tentando. Naquela época, eu ainda não conhecia Jesus.

No ano de 2006, meu marido foi trabalhar na feira como fazia todos os domingos. Dessa vez foi diferente, sua caminhonete colidiu e houve um grave acidente de carro. Pensei que havia perdido meu grande amor. No ano seguinte, em 2007, nasceu o Célio Marcos. Ele nasceu prematuro com 2.220 kg e ficou quinze dias no CTI. Ali eu tive que aprender na marra a como dar banho, amamentar e orar. À medida que meu filho crescia, os problemas iam sendo potencializados, pois o Célio estava em estado bem crítico no hospital. Nos anos seguintes, foi só prova de fogo, pois ele teve doze pneumonias e duas internações graves. Achei que o pior tinha passado, mas ele teve que se submeter a sete procedimentos cirúrgicos em menos de doze meses. Passado todo esse vendaval, conseguimos aproveitar nosso momento como casal e como pais.

Comecei a trabalhar em diversos empregos e nada me satisfazia. A cada empresa ficava menos de três anos. Na última empresa, fiquei cinco anos. Sempre quis ser empresária, afinal isso estava no meu sangue desde meus 10 anos. Depois de decidir não voltar ao mercado de trabalho, eu investi em um mercadinho na cidade de Belford Roxo na Baixada Fluminense no Rio de Janeiro. Fiquei dez meses naquele local. Por agir na emoção e não ter experiência de mercado, acabei quebrando e obtive uma dívida de R$ 100 mil. Quase perdi meu casamento.

Nesse período, fiquei depressiva, pois não me via ficando em casa e cuidando de filho. Em dezembro de 2019, fomos para um resort e decidimos ver alguns imóveis para trabalhar com locação. Quando entrei no apartamento Pegasus, que fica no Porto Real Resort, sabia que aquele era o início de uma nova jornada. Fechamos o apartamento em fevereiro de 2020 e, no mesmo mês, já estava alugado. Nossa, que felicidade! Mas, em março de 2020, tudo mudou com a chegada da pandemia. Ficamos mais de seis meses com o apartamento fechado. Foi algo terrível, mas eu creio que nada foge do controle de Deus. No mesmo ano, mesmo com a pandemia, adquirimos mais dois apartamentos, pois as pessoas com medo começaram a vender o imóvel com preço abaixo do mercado.

No mês de novembro, as coisas começaram a voltar ao normal, mas, no dia 29 de novembro de 2020, minha sogra começou a passar mal, parou na emergência e, depois de três horas intensas, faleceu. Meu mundo caiu, pois parecia que algo tinha sido arrancado de mim. Fiquei muito mal e sem rumo. Perder alguém assim não é fácil, pois ela me ensinou tudo o que eu sou hoje.

Quando as coisas começaram a melhorar, começamos a investir em Campos de Jordão, que fica em São Paulo. Fechamos mais um apartamento e estávamos muito felizes. Em outubro de 2021, minha mãe caiu da cama e tivemos que levá-la para emergência para operar o fêmur, mas algo que seria simples e rápido se transformou em um pesadelo. Enquanto nos revezamos para ficar com ela no hospital, no dia 25 de novembro de 2021, meu filho pequeno Matheus foi para emergência. Por estar com baixa saturação, foi levado às pressas para o CTI. Imagina como estava minha mente. No dia 29 de novembro de 2021, tínhamos uma consulta com a neuropediatra do Matheus e ela informou que ele é autista nível dois. Nesse dia, pensei que iria partir. Afinal, naquele mesmo dia aconteceram várias coisas, pois, além de receber este diagnóstico, minha mãe deu entrada no hospital e a minha sogra havia completado um ano de falecida. Eu nunca senti tanta dor.

Tantos acontecimentos me fizeram querer de fato desistir da vida, mas Deus não permitiu. Um mês depois do diagnóstico, minha mãe faleceu. Novamente eu tive que catar os cacos e fazer todo processo de reconhecimento do corpo e enterro de minha mãe. Afinal, tive que fazer a mesma coisa com a minha sogra.

Passados nove meses de todo esse turbilhão de emoções, meu marido fez uma surpresa linda para mim. Compramos o nosso primeiro carro 0 km. Era um Corolla vermelho, lindo. Ele havia preparado com todo zelo e capricho a surpresa desse presente. Parecia que, depois de tanto sofrimento, eu lembrei que estava sorrindo novamente.

Infelizmente, quinze dias depois o carro foi roubado e, pior, o meu grande amor quase foi executado nesse assalto. Parecia que aquela ferida que estava fechando ia se abrir de forma dolorosa e intensa. Vi meu grande amor e meu filho mais velho entrarem em depressão. Observando tudo isso e sem tempo para sofrer, eu tive a ideia de levar meu marido a um evento chamado Método Destiny do Pastor Tiago Brunet em Alphaville. Foram dois dias de aprendizado e restauração. Além de Deus nos dar a oportunidade de aprender sobre doze princípios bíblicos, Ele nos deu um novo endereço. Em janeiro de 2023, mudamo-nos para Alphaville e, no dia 6 de maio de 2024, já estávamos residindo em nossa casa própria. Claro que tive que passar por vários processos de luto. Confesso que o mais difícil foi a mudança, mas Deus permite que passemos por isso para ficarmos mais dependente dEle e não de pessoas.

No mês de agosto de 2023, fiz a especialização com a Bruna Legnaioli e, dois meses depois, fiz Essência da Mulher. Descobri que nesta caminhada eu não conhecia a minha própria identidade, não sabia quem eu era, os meus sonhos e as minhas metas. Estava perdida e tive que reaprender a me priorizar, pois tudo que eu buscava era aprovação de pessoas. Em junho de 2024, eu tive uma crise de estresse na rodovia Castelo Branco. Simplesmente apaguei e só tive tempo de dizer a Deus para que nada de ruim acontecesse comigo e com o meu filho. Resisti por anos para ser medicada, pois achava que só a terapia já adiantava. Depois de quarenta dias, comecei a ver que estava melhor e inclusive eliminei 12 kg. Aprendi a me amar e a me respeitar. Então, seja a sua melhor versão todos os dias.

Finalizo dizendo que sonhos não cabem em gavetas. Então, abra essa gaveta, tire os seus projetos dela e comece a empregá-los. Se você tem certeza de que vai dar certo, não escute pessoas que não estão alinhadas com os seus sonhos. Aprenda a dizer "não", pois, cada vez que você falar, estará dizendo "sim" para você mesma. Ame mais, viaje mais, beije mais e abrace mais. Acima de tudo, coloque Deus em todos os passos de sua vida e de sua família.

Hoje sou mentora de mulheres e casais e os ajudo a buscar um relacionamento saudável mesmo diante de um diagnóstico difícil. Eu sempre acreditei que uma família feliz e alicerçada na rocha pode muito mais do que sozinha. Não desista e sim persista. Então, *bora* agir?

"Sonhos não cabem em gavetas. Afinal, tudo é possível ao que crê. Basta acreditar nAquele que pode todas as coisas."

Rosa Griffel

Foto: Magnon Calderon @magnon_calderon.

Silvana Winter

Sou Silvana Frota Winter, tenho 59 anos, nasci em Santiago/RS e moro no litoral do Rio Grande do Sul. Graduada em Administração e pós-graduada em Terapia Cognitivo Comportamental. Terapeuta e mentora, especialista em autoestima feminina, com mais de duas mil horas em atendimentos individual e em grupo on-line. Criadora do método Mais Autoestima & Menos Ansiedade para mulheres. Tive muitas perdas, superações e, com elas, muitas lições. Em 2007, enfrentei um câncer de mama, formei-me, fiz transição de carreira, optei por uma rotina mais saudável e fui morar na praia. Com isso, vi a possibilidade de mudar de vida. Não poderia guardar comigo tais descobertas, nascendo assim o método e a missão de ajudar outras mulheres.

silvanapsicoterapeuta

+55 (55) 99935-8868

silvanaf.winter@gmail.com

23 CICATRIZES QUE ILUMINAM

Por Silvana Winter

Desde que me conheço por gente, lembro que a minha vida sempre foi uma mistura de desafios e descobertas. Sou a mais nova de quatro irmãos, nasci em uma cidade do interior do Rio Grande do Sul, onde a vida era tranquila e pacata até meu pai ser transferido para Santa Maria/RS. Foi aí que tudo começou a ficar estranho.

A mudança de cidade causou uma ruptura que me deixou perdida. Os encontros familiares ficaram para trás. Tudo era novo e diferente. Na tentativa de adaptação, passei por uma situação difícil que mudou completamente minha visão de mundo. Naquela época, eu não liguei para o que havia acontecido. Sempre fui uma menina difícil - muito teimosa, como diziam. Passei a sentir um peso enorme no meu peito, como se algo tivesse sido arrancado de mim.

A insegurança e a confusão me acompanhavam. Até que, recentemente, em uma sessão de terapia, compreendi o que havia acontecido e como isso havia moldado a minha adolescência difícil e cheia de rebeldia. A sensação de vazio e a necessidade de me isolar começaram ali, naquela experiência que me marcou profundamente para toda vida. Tinha horror a estar sozinha, mas ao mesmo tempo a necessidade de me afastar.

Quando eu tinha apenas 17 anos, minha mãe veio a falecer. Ficamos só meu pai e eu. Um ano depois, aos 18 anos, engravidei e me casei apaixonada, mas sem um tostão no bolso. Fomos ajudados pela família enquanto meu esposo acabava a faculdade. Nossos dois meninos me ensinaram a ser mãe. A vida foi dura financeiramente, mas tivemos grandes alegrias também.

Sem estudos e sem trabalho, eu fazia o que podia para contribuir com as despesas. Os apertos financeiros e a pressão de criar filhos sem rede de apoio e sem orientação me tiravam do sério. Eu vivia estressada. Foi nesse momento de desespero e necessidade de mudança que minha teimosia se tornou minha aliada pela primeira vez. Decidi voltar a estudar e, apesar de todas as limitações, consegui concluir o Ensino Médio e isso foi um grande desafio. A cada aula, a cada tarefa concluída era um passo dado para uma nova vida.

Enquanto isso, trabalhava com vendas para ajudar nas despesas da casa, transformando a adversidade em motivação para seguir em frente. Conseguimos juntar dinheiro, comprar um terreno e construir nossa casa. Na mesma proporção em que os guris cresciam, as questões ligadas à adolescência aumentavam. Foi um período muito difícil. Precisávamos trabalhar e eles logo começaram a deixar o ninho. Cortar pela segunda vez o cordão umbilical é muito difícil; o sentimento de abandono e rejeição voltou com tudo.

A mudança de cidade, a ruptura da infância, a perda da minha mãe e todas as dificuldades de uma vida adulta foram marcadas pelo sentimento de abandono. Eu era uma dependente emocional por causa desses acontecimentos, o que me levou a desenvolver crises de ansiedade e pânico. Mesmo estando no meu melhor momento financeiro, eu estava vivendo o pior momento familiar. Filhos distantes, confusões sentimentais, sofrimentos... Sofri pela culpa, sofri com o vazio. Não demorou e veio a autopunição, a brutal culpa pela desordem familiar.

Sem clareza de pensamento e sem saber como agir, o corpo não aguentou: então chegou o diagnóstico de câncer de mama aos 41 anos. Lembro-me claramente do momento em que o médico me deu a notícia. Para mim, foi como se o chão tivesse se aberto sob meus pés. Eu estava repetindo o destino da minha mãe e a ideia de deixar meus filhos, assim como ela me deixou, era difícil. Não tinha como fugir, ninguém poderia passar aquilo por mim e esse seria um grande desafio pessoal. Enfrentei a doença com uma mistura de desespero e determinação.

Durante o tratamento, algumas sessões de quimioterapia me deixavam exausta e enjoada, mas como não queria mostrar fragilidade a ninguém eu achava forças para consolar minha família, meus amigos. Escondia as lágrimas, buscando forças de onde nem sabia que existia. "Quando a dor de não estar vivendo for maior do que a dor da mudança, a gente muda". Essa foi uma grande verdade que descobri em meio ao meu tratamento.

Dois anos depois, nasceu a necessidade urgente de dar um novo rumo à minha vida. Decidi fazer faculdade, um sonho que parecia bem distante. Estudar Administração não foi apenas um caminho profissional, foi um processo de redescoberta e reencontro comigo. Para mim, cada aula era uma vitória contra os fantasmas do medo e da insegurança, que me acompanhavam por tanto tempo. Comecei a entender o meu valor e o meu verdadeiro propósito.

Eu me formei em 2014, com o coração cheio de orgulho pelo reconhecimento dos mestres e da instituição como aluna destaque. Quando saí da faculdade, já estava alocada no mercado como administradora. Passei a investir em autoconhecimento; já lia muitas coisas, até que fiz o primeiro curso. A busca por respostas e preencher os vazios, a sede pelo entendimento e desenvolvimento emocional foi um caminho solitário, mas igualmente fascinante. O meu olhar para a vida mudou, passei a vê-la com outro sentido por meio da Terapia Holística. As técnicas energéticas como o Reiki e os Florais de Bach eram uma novidade e uma oportunidade para mim. Desenvolvi um novo amor pelos estudos, agora era mais interessante e despertavam em mim a vontade de colocar em prática para também ajudar outras mulheres.

Larguei a carreira de administradora; optei pela transição total em 2018, tornando-me terapeuta. Eu atendia presencialmente em casa e no clube onde era sócia. Em 2020, com o distanciamento pela pandemia, precisei me readaptar. Passei a fazer atendimentos de modo on-line. Para isso, desenvolvi o meu primeiro método Metamorfose; mergulhei nos estudos cada vez mais voltados para a saúde emocional. Eu me especializei em Terapia Cognitivo Comportamental e Autoestima.

Hoje, sei que a menina teimosa e a mulher guerreira serão sempre partes de mim. A dor foi minha maior amiga, ensinando-me a importância da reconexão com o amor-próprio. O amor que por vezes buscava nas pessoas, no trabalho e nos comportamentos disfuncionais. Quantas vezes fui minha inimiga, achando-me imprestável, sentindo-me incapaz e sendo má comigo mesma, punindo-me de todas as formas, entrando em relacionamentos abusivos e me ferindo com pensamentos negativos a meu respeito, até entender que tudo que aconteceu comigo são partes de mim e não poderão ser mudadas.

Nós somos incríveis mesmo, adotamos comportamentos disfuncionais, nos colocamos em situações complicadas, tudo para validar e reforçar nossas crenças. Confirmar que os rótulos sobre nós são verdadeiros, mesmo sendo negativos - seja na vida pessoal ou na vida profissional, entrando em relacionamentos complicados e situações tóxicas que invalidam a autoestima. A busca pelo pertencimento, para se encaixar a todo custo em algo que nos identifique. Até que chegou o momento "Putz!" e com um sonoro "AHHH!". Chega, Silvana... Não carregue o passado nas costas, não se culpe por situações que não dependiam de você. Agora é hora de se perdoar, de liberar as mágoas que só fazem mal a você mesma, então pare de carregar esse peso! Entenda, não é justo contigo.

Deus me fortaleceu, parei de me punir, me apropriei de quem sou, de todo meu passado e percebi que só sou quem sou por entender que a minha história me fez mais forte. Eu não sou o que me aconteceu, mas sim o que aprendi com cada lição no caminho. Depois desse aprendizado, passei a colocar limites onde não tinha, a dizer "não", a me posicionar quando preciso e me afastar de tudo o que é contrário ao que entendo por respeito. Passei a cultivar relações verdadeiras, mesmo que para isso tenha sido preciso abrir mão de algumas pessoas e lugares.

Deus é sábio e bondoso com seus filhos, não nos abandona jamais. Ele nos prepara para, na hora certa, quando estivermos prontinhas, ele descortinar a verdade. Só agora pude compreender o que significava aquele vazio. Já não há mágoa nem dor, apenas cicatrizes que me fazem lembrar que tenho valor, da minha coragem e da minha missão. Nem todo mundo entenderá, mas eu entendo, eu sei e isso já basta. Não me coloco mais em posição desconfortável em favor a outras pessoas. Eu escolho me amar todos os dias, não negligencio as minhas necessidades, pois elas importam e não há nada de mal nisso.

Acolhi minha humanidade como algo confortável, entendendo que sou humana, com mil defeitos, mas que me esforço todos os dias para me aprimorar. Compreendi que não posso jamais me abandonar, perder-me de mim como antes. Eu tenho uma missão, e hoje ela é muito clara: quero acolher e inspirar outras mulheres a se apoiarem, a se amarem, respeitando-se e tendo uma chance de escolher o caminho que julgam ser o melhor para si.

Desejo, por meio do meu trabalho e do meu jeito de ser, mostrar que existem outras formas de viver e que nem sempre será a mais fácil, mas que talvez seja a mais gratificante. A teimosia se transformou em determinação e a minha história, em uma bandeira de inspiração. Temos o direito e o dever de buscar as respostas que nunca nos foram dadas, de ler o livro da nossa vida sem partes em branco, de saber quem somos. E isso é mais que um direito, é um dever para que possamos resgatar o poder de nos amar incondicionalmente. Até mesmo e principalmente naqueles dias em que somos confusão e tormenta. Passando pelos desertos internos das provações. São nesses dias que não podemos nos perder de nós, que temos a obrigação de sermos nossa melhor amiga.

“Mulheres que se amam inspiram e iluminam, provam que é possível, apontam o caminho e escrevem sua própria história. Venha escrever a sua!”

Silvana Winter

Thais Kamimura

Meu nome é Thais Kamimura, tenho 32 anos, sou casada com o Diego, o grande amor da minha vida, empresária e uma filha amada que reconheceu a paternidade de Deus não tem muito tempo.

Sou consultora de imagem e especialista em Autoestima e Autoconfiança. Tive o prazer de atender mais de mil mulheres ao longo dos meus quatro anos de profissão.

Depois de sentir na pele o que é olhar para o espelho e não se reconhecer mesmo com todo o conhecimento que a consultoria de imagem me trouxe, percebi que a autoimagem é o ponto mais importante a ser trabalhado.

Hoje sou mentora de mulheres; meu trabalho é guiá-las no processo de autoconhecimento, construção de uma autoimagem fortalecida e lapidação da imagem pessoal mantendo sua essência.

thaiskamimura

contato@thaiskamimura.com.br

24 A MINHA VIRADA DE CHAVE FOI APENAS UMA DECISÃO

Por Thais Kamimura

Se você me falasse há dois anos que você estaria lendo um livro em que eu sou coautora, eu juro que ia rir muito e achar que você confundiu os nomes. Eu escrevendo um livro? Por quê? A minha história nem merece ser contada. Era exatamente dessa forma que eu me enxergava: desinteressante, inferior e nunca boa o bastante. Antes de contar como eu mudei a minha autoimagem e transformei a minha vida, preciso explicar como eu cheguei no fundo do poço. Para isso, preciso voltar para alguns pontos específicos da minha história, a começar pela minha infância.

Eu tive uma infância feliz na grande parte do tempo, uma infância cercada de amor, proximidade, mas ao mesmo tempo muito rígida, e foi aqui que as primeiras crenças limitantes foram instaladas na minha vida. As crenças são passadas pelas gerações basicamente por dois jeitos: ou nossos pais repetem o comportamento, porque foi isso que eles receberam; ou eles fazem o completo oposto, achando que assim estão fazendo o certo. Meu pai se encaixa nessa segunda opção.

Ele é militar aposentado, sempre foi muito conservador e autoritário e sempre buscou oferecer a mim e a minha irmã Tatiane tudo aquilo que ele não teve dos seus pais. Ele saiu da escola muito jovem, porque precisava trabalhar para ajudar com as despesas da casa. Quando chegou a sua vez de ser pai, ele tratava nossos estudos como a coisa mais importante do mundo. Não o julgo, sei que ele fez o que fez achando que era o certo, mas o meu lado da história não é tão incrível e heroico assim.

Desde muito nova eu sinto que preciso ser perfeita. Nunca escutei isso com essas palavras, mas era comum se eu tirasse nota 8 ou 9 ser questionada do porquê o 10 não ter vindo. Ou então, quando eu queria sair para brincar, eu precisava responder duas tabuadas; se estivessem certas, eu iria, senão teria de estudar mais. Isso foi criando dentro de mim um sentimento de "Preciso ser perfeita", "Eu não posso errar", "O 9 não basta, eu preciso tirar 10". É claro que isso nem sempre acontecia, o que foi me gerando uma grande sensação de que eu nunca era boa o bastante, apesar de todo meu esforço. Nem preciso falar o quanto isso me impactou ao longo da minha vida, não é?

Avançamos para 2017, muita coisa aconteceu nesse ano. Eu fui do céu ao inferno em questões de meses. Esse foi o ano em que fiquei noiva, fomos morar juntos em outra cidade e a depressão deu seus primeiros sinais. Eu estava tão feliz de me mudar, ir morar com o amor da minha vida, empolgada e animada com tudo, que jamais esperava que ia terminar o ano rezando para Deus me levar daqui.

As pessoas sempre perguntam sobre o gatilho, mas saiba que nunca é só uma coisa. É toda uma vida buscando ser perfeita, ser aceita, ser validada, ser reconhecida, buscando no outro um amor que deveria vir primeiramente de mim e, numa situação simples em que uma amiga da época me rejeitou, eu simplesmente desmoronei. Rapidamente, minha vida foi perdendo o sentido e eu sentia que quanto mais eu me afundava, mais eu queria afundar, feito uma areia movediça. Eu não conseguia reagir e sair daquela situação.

Foi então que comecei a beber (muito) e o que já estava ruim ficou muito pior. O álcool foi um refúgio durante muito tempo, eu bebia para ficar bem e feliz, mas o pós era terrível, eu me sentia a pior pessoa do mundo. A bebida alcoólica já é uma coisa muito depressiva; na mesma velocidade que ela eleva você, ela te derruba. Agora imagine o meu nível de exigência comigo mesma quando essa euforia passava. Em pouquíssimo tempo, eu cheguei no fundo do poço, rezando para Deus me levar daqui, o que me leva a contar um pouco sobre a minha história com Ele.

Eu cresci numa família religiosa, católica pelo lado do meu pai e da Congregação do Brasil pelo lado da minha mãe. Nunca fui imposta a nenhuma religião. Era comum aos domingos de manhã ir ao "cultinho" de jovens com a minha avó materna e, à noite, à missa com a minha avó paterna, mas nunca fui de ler a Bíblia e estudá-la a fundo. Inclusive, quando as pessoas falavam "Deus falou comigo hoje", eu pensava "Será que é só comigo que Ele não fala? Eu não sinto isso que eles contam". Com o tempo, fui crescendo e me afastando, nunca deixei de acreditar nEle, até mesmo por este motivo que nunca tentei nada contra a minha vida. Vontade não faltava, mas eu sabia onde essa ação me levaria.

Depois de muito minha mãe insistir, eu busquei ajuda profissional. Fiz tratamento medicamentoso e terapia, muita terapia. Minha vida ficou morna durante muito tempo, nem quente, nem fria - eu não estava mal, mas estava muito longe de estar bem.

Passaram-se alguns anos e chegamos em 2020, o ano que a Consultoria de Imagem e Estilo entrou na minha vida. Com a depressão, precisei me afastar de tudo e acabei deixando minha vida profissional de lado por dois anos. No começo do ano, estava rolando o *feed* do Instagram procurando uma consultora de imagem por sugestão da minha psicóloga — eu estava com quase 30 anos, perdida em relação ao meu estilo. Eu não me via como uma mulher, mas também não era mais uma menina.

Eu caí no perfil de algumas profissionais que não me agradaram, até que vi o perfil de uma professora que estava com as vagas abertas para o curso de Formação em Consultoria de Imagem. Pensei comigo: "É isso, vou fazer o curso e aplicar em mim". É claro que toda essa história não deu certo. Em pouco tempo, estava comprando os tecidos de análise de coloração pessoal e fazendo a tradicional foto com a cartela de cores. Eu aprendi tanto naquela formação que eu não poderia guardar todo aquele conhecimento só para mim.

Em pouco tempo, conquistei minhas primeiras clientes. Eu era ótima, sempre trouxe excelentes resultados para cada uma delas, mas por algum motivo eu não conseguia aplicar todo esse conhecimento em mim mesma, eu simplesmente travava.

Nesse momento da minha vida, eu não tinha muita perspectiva. Por fora, eu tinha tudo para ser feliz, mas por dentro eu era triste, depressiva e ainda usava o álcool como refúgio para fugir da minha realidade. Eu fiquei nessa por muitos anos — de 2017 até 2023 —, eu tinha alguns momentos felizes, mas no geral minha vida era sombria e eu não queria mais continuar aqui. Eu me sentia inferior a todo mundo ao meu redor, ao meu marido, às minhas amigas, às minhas colegas de profissão. Nunca me senti boa o bastante, estava 20 kg acima do meu peso, tinha crenças de inferioridade e de não merecimento, sentia-me uma fraude por falar sobre imagem pessoal e autoestima sendo que a minha estava no chinelo. Eu me vestia mal não por falta de conhecimento ou de recursos financeiros, mas por não me sentir merecedora daquilo.

Quando eu bebia, todo esse julgamento desaparecia, eu ficava animada, esperançosa, fazia planos, jurava que no dia seguinte tudo seria diferente. Em resumo, quando eu bebia, eu me sentia com vida, mas, quando a euforia passava, eu me sentia a pior pessoa do mundo, então eu bebia novamente para essa sensação retornar. No início, era só aos finais de semana, depois foi ficando cada vez mais frequente e cada vez mais cedo. Eu nunca contei para ninguém, mas eu bebia para ter forças para viver, trabalhar, me relacionar e para acabar com todo o meu julgamento e perfeccionismo por mim mesma. Até que chegou o momento em que esse ciclo estava tão insuportável que eu precisava sair dali. Eu cheguei no subsolo do fundo do poço.

"Insanidade é continuar fazendo sempre a mesma coisa e esperar resultados diferentes", dizia Albert Einstein. No dia 1 de janeiro de 2023, enquanto eu estava tomando uma taça de vinho, eu decidi que iria mudar a minha realidade - assim, bem do nada mesmo e sem confiar muito. É por isso que eu falo que a minha virada de chave foi uma simples decisão. Foi **só** isso Thais? Sim, **só** isso.

No dia seguinte, fiz uma autoanálise e listei tudo o que eu não gostava em mim e na minha vida: meu corpo, minha imagem, minhas roupas, meu perfeccionismo, meu sobrepeso, a bebida alcoólica, minha falta de proximidade com Deus, minha procrastinação, minha reclamação... E fui dando *check* em cada item. Eu não sabia onde isso me levaria, mas eu dei um voto de confiança.

Agora eu já não rezava mais para Deus me levar daqui, eu rezava para Ele me sustentar, me apoiar e me manter firme no meu propósito. Eu o reconheci como Pai e passei a tomar posse da minha herança, que sempre esteve ali para mim.

Não foi fácil. Por muitos dias eu chorei, a vontade de beber apareceu, por alguns momentos achei que eu não ia conseguir, mas Ele veio e me provou o contrário. Também devo muito ao Diego, ele sempre confiou que eu era capaz, manteve-se ao meu lado em todas as minhas fases, dando-me todo o suporte que eu precisei e enxergando uma Thais que eu mesma ainda não via.

Dia após dia, tomei a decisão de fazer coisas para me manter no meu propósito. Fui me curando internamente, reconhecendo o meu valor, quebrando todas as crenças que eu tinha e naturalmente o externo também começou a ser transformado. Emagreci os 20 kg e passei a me vestir como eu sempre quis. Hoje eu me olho no espelho e amo o que eu vejo, porque ele reflete a combinação do meu interior e exterior. Eu mudei a minha autoimagem e transformei a minha vida, simplesmente porque eu tomei uma decisão.

Com o tempo, eu trouxe essa experiência pessoal para os meus atendimentos individuais, porque eu senti na pele que de nada adianta você saber o que vestir se isso não pertence a você, se você não tem autoestima para receber essa transformação. Meu propósito é guiar mulheres no processo de autoconhecimento e construção de uma autoimagem fortalecida, por meio de quebra de crenças e lapidação da imagem pessoal.

A autoimagem é o ponto mais importante a ser trabalhado; sem ela, você não chega a lugar nenhum. Se você não tem confiança em si mesma, esquece. Mas saiba que você pode ser quem quiser ser, se tiver uma autoimagem fortalecida. E muitas vezes só o que falta é uma decisão.

"Você pode ser quem quiser ser, se tiver uma autoimagem fortalecida."

Thais Kamimura

Val Moraes

Meu nome é Val Moraes, resido em São Paulo/SP, com meu marido Luiz e meu filho Luiz Henrique. Também sou mãe da Gabriela, minha primogênita.

Sou formada em Comunicação Social e pós-graduada em Psicologia Positiva, Teologia e tenho diversas outras formações na área de Desenvolvimento Humano, como inteligência emocional e autoestima. Sou empresária, mentora de mulheres na área de Desenvolvimento Humano e em breve serei psicanalista.

Hoje atendo mulheres de todo país por meio do Projeto Cuidar e sou idealizadora do Projeto Compartilhar, no qual trabalho com mulheres numa ONG em Campinas/SP.

Essa trajetória me despertou um novo olhar para a vida por meio do autoconhecimento, que, entre outras coisas, nos possibilita a melhoria nas relações interpessoais.

valmoraes17

valmoraesmentora@gmail.com

25 EM BUSCA DO MEU PROPÓSITO

Por Val Moraes

Ao longo da minha vida, eu sentia um vazio, uma espécie de incompletude na qual me levou a buscar fora aquilo que só se pode encontrar dentro de nós. As coisas que eu fazia nunca me fizeram sentir realizada, eu sentia que até ali nada fluía de mim de forma leve e genuína e isso muitas vezes me angustiava e fazia eu me sentir incompleta.

Eu nasci numa família de cinco filhos; sou a caçula, a que em geral é mais paparicada, poupada. Nos primeiros anos da minha vida, ouvi muito da minha mãe que eu era uma criança frágil, porque tinha asma, mas me lembro de ser uma criança alegre, que gostava de ter muitos amigos e era sempre muito importante me relacionar bem com eles. Desde muito cedo me mostrava assim - já adulta descobri que nossos talentos começam a despontar na infância - e, hoje, quando me lembro dessa fase, consigo observar nitidamente como isso é verdade.

As relações interpessoais desde cedo foram se mostrando muito importantes para mim e, hoje, através dessas relações, consigo ver como os três pontos fortes que descrevem meu arquétipo de cuidadora já se manifestavam nessa época. Lembro-me de ter sido internada por conta da asma por volta dos meus 7 anos. O curioso é que essa memória havia sumido da minha mente, mas ela voltou quando já adulta buscava esse propósito. Devo ter ficado alguns dias na pediatria e a lembrança que mais tenho foi de ajudar as enfermeiras a cuidarem dos bebês e crianças menores que eu. Depois, um pouco mais velha, lembro-me de querer conciliar coleguinhas de escola quando ficavam de mal, como dizíamos naquela época.

Para mim, desde muito cedo ficou claro que nada é mais importante que os relacionamentos. Somos seres relacionais e não vivemos sós, precisamos do outro em todas as esferas da nossa vida e isso dentro de mim já era uma verdade, de que se não podemos viver sozinhos, que fizéssemos isso de uma forma leve e harmoniosa.

Sempre tive dificuldade de lidar com conflitos com outras pessoas e isso era muito difícil para mim, a ponto de muitas vezes me calar para não criar mais conflitos. Não aconselho a você a fazer isso, aquilo que guardamos é como um vulcão adormecido: um dia ele desperta e, em geral, não de uma forma boa; aquilo que não falamos nosso corpo fala por meio de dores e enfermidades.

Os relacionamentos são como guias em nossa vida, eles nos influenciam, nos direcionam, tanto positiva como negativamente, por isso a sua importância. Eles são a base para mostrar se um namoro, um casamento, as amizades e sociedades darão certo. São o ponto central dessas relações e um dos maiores desafios para nós, seres humanos. Por isso, Jesus veio nos ensinar a difícil arte de se relacionar, porque se relacionar muitas vezes envolve divergir, renunciar, perdoar, ter compaixão pelo outro, ter empatia. Acima de tudo, para termos um bom relacionamento, precisamos nos conhecer, saber regular nossas emoções e o autoconhecimento nos proporciona desenvolver essas ferramentas para uma melhor convivência. Foi através dessa jornada, buscando me conhecer e olhando para dentro de mim que pude encontrar meu verdadeiro propósito de vida.

Trabalhei alguns anos no mundo corporativo. Temos uma empresa na qual eu trabalhava no setor financeiro, mas mesmo nesse departamento, o que eu mais gostava era do contato com as pessoas. Passados alguns anos, resolvi empreender no ramo da beleza e montei um salão e *day spa*. Cheguei a ter cerca de vinte profissionais; eu cuidava da administração e foi no convívio com aquelas meninas que pude notar as grandes dificuldades que fazem parte do universo feminino - não que eu já não soubesse, apenas não tinha refletido como isso pesava para as mulheres. Elas estavam sempre envoltas em questões, demandas, buscas e, como sempre, na resolução de problemas. Por já mostrar meu lado acolhedor, muitas se apegaram a mim e vinham se aconselhar - quando eu chegava em casa, meu marido brincava perguntando "Quantos atendimentos você fez hoje?". Ajudá-las e direcioná-las por meio da orientação era algo que eu fazia com facilidade e naturalidade, sentia muita compaixão por elas e suas histórias.

A inquietação aumentou quando eu voltei de Portugal, em janeiro de 2019 - morei lá por um ano e meio. Comecei a buscar mais esse sentimento de incompletude, mas há muito tempo ele me incomodava.

No primeiro ano de volta ao Brasil, eu adoeci muito, tinha muitas dores e vivia em médicos. Até que uma delas chegou a suspeitar de fibromialgia, mas eu não aceitei porque sabia que não era isso. Na verdade, era um problema emocional. Fomos feitos para o movimento, para deixar fluir de nós aquilo que Deus nos presenteou, nossa essência ou talentos. Essa essência ou esse chamado deve ser como um fluxo que sai de nós para compartilharmos ou servirmos os outros. À medida que servimos, também somos servidos e aprendemos e crescemos uns com os outros, mas infelizmente nem todos buscam isso. Muitos passam pela vida sem saber, na inconsciência, mas vazios e incompletos. É nosso propósito gritando dentro de nós.

Veio a pandemia e com ela o isolamento de tudo e todos. No final da pandemia, comecei um trabalho de transição de carreira. Contratei uma *coaching* especializada na área que me fez enxergar meus dons e talentos enterrados. Ao término desse processo, decidi estudar Psicologia Positiva e me identifiquei com a matéria. Depois fiz uma pausa; tudo era muito lento, eu não sabia por onde começar, lia bastante e buscava meu lugar.

Além desse conflito, eu tinha que lidar com a dificuldade de concentração. Procurei um médico, que pediu uma avaliação e constatou TDAH. Lá fui eu fazer uma mentoria em TDAH para entender como minha mente funcionava. A falta de dopamina dificulta a concentração, porém, quando estudamos o que gostamos, temos o hiperfoco. Fiz uso de medicação, o que me ajudou muito. Comecei uma jornada de estudos e descobertas sobre patologias psicológicas e psiquiátricas, neurociência e comportamento humano. O funcionamento da mente sempre me despertou interesse.

Eu estudava, mas parece que ainda não fazia muito sentido; era como uma colcha de retalhos, na qual eu tinha que ir costurando aos poucos. Como colocar todo esse conhecimento a serviço do outro? De que maneira? A angústia aumentava, existia uma insegurança, eu nunca me sentia pronta e continuava a saga de cursos, leituras e mentorias.

O Projeto Compartilhar (roda de conversa) estava no papel há muitos anos, mas me faltava coragem. Minha régua sempre foi muito alta comigo; mesmo quando recebia elogios, eu quase sempre não acreditava, porque eu tinha que passar pela minha avaliação, reflexo de uma educação baseada em críticas, julgamentos e o pior de todos: a comparação. Não atribuo a meus pais essa culpa, pois essa foi a realidade de quase uma geração. Eles também foram criados assim, na verdade, até pior. A cada geração, a sociedade evolui um pouco, mas nessa época era a passos lentos. Com a chegada da internet, redes sociais e com a pandemia, muita coisa acelerou, entre elas os conteúdos oferecidos, que nos possibilitaram o contato e conhecimento de assuntos diversos, ou seja, só fica na desinformação e inconsciência quem quer.

Em uma ocasião, eu estava na igreja, a qual frequento há mais de vinte anos, e foi solicitado voluntariado para uma ONG. Eu me senti incomodada e resolvi falar do meu projeto com mulheres através de uma roda de conversa. Enfim comecei esse trabalho que gera frutos entre essas mulheres, por meio de acolhimento e escuta ativa em um espaço humanizado.

Gostaria de ressaltar que a angústia não é de todo ruim. O desconforto nos tira da nossa zona de conforto, ele vai nos espremendo até não aguentarmos mais e partirmos para ação, mas ainda era pouco, não era só isso.

Na mesma época em que comecei esse trabalho, eu estava passando por uma crise familiar que me consumia. Só a terapia e os estudos não eram suficientes para me ajudar a sair dela. Houve um dia em especial que essa situação que eu estava enfrentando piorou e essa fase ficou muito pesada e difícil para mim. Através de muita conversa com Deus em oração, Ele me conduziu a uma jornada de autoconhecimento. Eu senti claramente que Ele queria me mostrar algumas coisas. Foi quando eu conheci um mentor na área de desenvolvimento humano, que tinha uma linha de pensamento que fazia muito sentido. As coisas que eu aprendia fixavam com muita facilidade na minha cabeça - esse é outro sinal dos nossos dons, que aquilo que não precisamos fazer tanto esforço para aprender faz parte de nossos talentos. Através dessa linha, comecei a entender muitas coisas sobre nossa essência, Deus, propósito, consciência e inconsciência; aprendi a desenvolver diálogos internos e a trazer consciência para minhas questões.

Nessa mesma época, em uma madrugada de choro e muita angústia, Deus mais uma vez me conduziu e cuidou de mim. Foi quando eu conheci a Bruna e o Bruno, um casal escolhido e tremendamente usado por Deus para ajudar mulheres a resgatarem sua identidade, autoestima e autoconfiança. E o mais bonito desse trabalho é o objetivo de nos colocar em movimento, a serviço de outras mulheres, para que elas possam sair muitas vezes de um lugar de dor e sofrimento. Porque Deus nos fez à sua imagem e semelhança e não deu mais para uns do que para outros e todo talento que Ele nos deu não é para enterrarmos, como diz na Bíblia, e sim frutificar através de servir ao outro. Nesse processo, evoluímos como seres humanos e colocamos em ação o que Jesus veio nos ensinar, a servir, e é por meio de muitos relacionamentos que cumprimos essa missão que é para todos. Por isso, desafio você a fazer essa viagem para dentro de você, com o intuito de se conhecer e aprender a melhorar suas relações, regular suas emoções, ter clareza do seu propósito e a desenvolver empatia e compaixão pelos outros.

A essência que está em nós é Deus, ou o Sagrado, o Espírito Santo, ou como você queira chamá-Lo, e nós estamos aqui para nos relacionarmos primeiro com Ele e depois com os outros, nessa linda missão chamada vida.

Hoje eu, com a Bruna, tenho um lindo trabalho social chamado Projeto Cuidar, em que acolhemos mulheres carentes e desprovidas de recursos e compartilhamos com elas esse conhecimento, através dos Seis Pilares de Autoestima (criado pela Bruna Legnaioli), com o intuito de ajudá-las a se conhecer, a olhar para si e a aliviar suas dores e angústias.

Eu me sinto realizada por meio desses projetos que faço parte. E que venham outros, pois o movimento de evolução e autoconhecimento nunca deve parar.

O autoconhecimento é libertador!

“O autoconhecimento é libertador!”

Val Moraes

Vanessa Monteiro

Sou Vanessa Monteiro, nasci em Itú/SP e resido em São Paulo com meu marido André Glauco, com quem sou casada a 13 anos. Empresária no ramo do varejo, formada em ADM, pós-graduada em Consultoria de Imagem-Belas Artes, aperfeiçoamento pela Italian Image Institute Milan, especialista em Autoestima e Segurança.

Em 2016, fiz minha primeira formação em Inteligência Emocional SBIE. Esse projeto nasceu pela vontade de unir três coisas importantes em minha vida: inteligência emocional, que é uma grande paixão; a moda como um item de valorização e a vontade de ajudar pessoas que buscam por informações de qualidade sobre autoimagem, autoconhecimento e principalmente empoderamento.

vanmonteiroimagem

+55 (11) 98325-3612

vanessa.mandrade@yahoo.com.br

Vanessa Monteiro

26 INTELIGÊNCIA EMOCIONAL E IMAGEM PESSOAL

Por Vanessa Monteiro

A inteligência emocional chegou na minha vida como uma virada de chave, tanto na vida pessoal quanto na profissional. Percebi que quanto mais eu desenvolvia o autoconhecimento, mais era capaz de reconhecer meus comportamentos, atitudes, limitações e potenciais, tornando-me mais segura de mim.

Ainda quando era estudante de Consultoria de Imagem, comecei a questionar nossas imagens externa e interna. Se fosse possível, de alguma forma, alinhar esses dois elementos, como essa mulher iria se apropriar do seu poder como indivíduo, das suas qualidades e defeitos, como iria amar a si mesma e realmente sentir prazer e alegria em se expressar por meio da sua roupa, do seu estilo e da sua personalidade. Porque não era somente a imagem externa dessa mulher, era a interna também, como se precisasse trabalhar essa autoconfiança para comunicar ao mundo o que realmente deseja transmitir.

O amor é a maior busca da humanidade, a razão para tudo. Um dos grandes mandamentos escritos no Livro Sagrado diz: "Amarás ao Senhor teu Deus de todo o teu coração, e de toda a tua alma, e de todo o teu pensamento". Na pirâmide das necessidades básicas de Maslow, a estima aparece na quarta categoria de necessidades humanas. Criada pelo psicólogo na década de 1950, é uma teoria que organiza as necessidades humanas conforme sua prioridade, das mais básicas às mais complexas (GOLEMAN, 1995).

A consultoria de imagem promove uma reflexão no indivíduo sobre suas intenções e seus valores, além de ajudar na construção de uma imagem visual que expresse sua personalidade, seu estilo e sua verdade, para transmitir sua identidade pessoal e seu autoconhecimento.

A identidade pessoal desse indivíduo está diretamente associada à forma como ele se posiciona em seus ambientes social e profissional. Qualquer alteração em sua imagem impactará diretamente em seu posicionamento, o que, por sua vez, levará a uma nova resposta dos ambientes a ele. Isso pode ocasionar alterações comportamentais e psicológicas. Então percebi a importância de inteligência emocional e consultoria de imagem andarem juntas para fortalecer e empoderar a imagem do indivíduo.

Minha primeira especialização em Inteligência Emocional foi em 2016, pela Associação Brasileira de Inteligência Emocional, em que desenvolvi técnicas totalmente focadas na consciência emocional, metodologia adaptável a qualquer abordagem de desenvolvimento de pessoas e empresas, proporcionando mudanças afetivas e concretas.

Minha pós-graduação em Consultoria de Imagem e Estilo, em 2020, trouxe-me o conhecimento e as técnicas nos campos de visagismo, etiqueta, semiótica, antropologia, *personal styling*, *branding*. Uma metodologia de seleção visual e cognitiva desde a proporção do corpo, tipo de estilo, formato do rosto, corte de cabelos etc., para edificar uma nova e aparente imagem.

Assim como muitas mulheres, eu ainda não tinha o conhecimento do meu amor-próprio. Mesmo com toda minha experiência acadêmica e diversos cursos, ainda não me sentia capaz. Até um dia que parei na UTI por sete dias com um problema de saúde. Ali percebi o quanto minha vida era importante, que eu ainda tinha tantos sonhos para realizar. Deus é tão maravilhoso que me deu uma segunda chance de me amar e me aceitar verdadeiramente e poder realizar meus sonhos, como esse de estar contando minha história e poder ajudar outras mulheres.

Logo depois, fiz uma especialização em Autoestima e Confiança, em que aprendi ferramentas e técnicas para me amar, através dos seis pilares da autoestima. Aprovado por mais de quinze mil mulheres, esse método me curou e me ajudou a curar outras mulheres por meio dos meus atendimentos.

Então decidi juntar essas duas paixões na minha vida, inteligência emocional e imagem pessoal. Sim, é possível se amar e transmitir o que realmente deseja com uma imagem firme e segura de si, com coerência, clareza e consistência. Por um bom tempo, fiquei nesse lugar parada, sem me amar, sem ter alegria e prazer de me vestir e me sentir segura e não desejo isso para outras mulheres.

Durante dez anos, trabalhei com mulheres no ramo do varejo de moda feminina, onde atendi várias delas que procuravam a melhor peça para transmitir o que desejavam, porém, mesmo os *looks* estando perfeitos, algumas não estavam bem com elas mesmas. Com os atendimentos da consultoria de imagem, percebi que existia uma preocupação com a imagem, mas existia também uma insegurança que trazia a baixa autoestima, que, por sua vez, interferia em uma comunicação clara e objetiva. Sendo que 80% da nossa percepção se dá pela visão, acredita-se mais no que se vê do que se ouve. Analisamos uma imagem nos primeiros 6 a 30 segundos em nossa frente, então imagina você transmitir em segundos tudo que deseja: personalidade, credibilidade, confiança, classe social, competência, sucesso, entre outros. Por isso, a imagem pessoal é responsável pela comunicação não verbal e pela primeira impressão, sendo uma poderosa ferramenta para se comunicar o que quiser ao mundo que o cerca.

A imagem pessoal deve revelar o ser, o caráter, as aptidões, o que há de verdadeiro. E ela ainda deve estar coerente com os ambientes que esse indivíduo frequenta, bem como seu comportamento. Roupas devem ser usadas para uma pessoa ser mais ela mesma, revelar o seu **ser**.

A consultoria de imagem busca coerência entre identidade-imagem--objetivos, em um processo de fortes estruturas calcadas no **eu**, na personalidade, fortalecendo pessoas para que alcancem metas, objetivos e sonhos. Ela deve contemplar o indivíduo com o poder de tornar coerente sua relação entre identidade, suas necessidades de vida e trabalho e sua imagem/estética. Isso ocorre por meio de um processo de construção da autoimagem e da autoestima, embasados de fato em ser dotado de verdade e, portanto, de ética.

É fundamental o ser humano valorizar e explorar seus pontos fortes, bem como aprender a lidar e minimizar o impacto de seus pontos fracos. Somente pessoas que têm autoconhecimento são capazes de se aceitar e se amar verdadeiramente. A imagem pessoal é de suma importância para o desempenho social e profissional, além de uma boa autoestima.

A elaboração desse capítulo mostra o quanto precisamos da inteligência emocional e como ela veio para agregar o conhecimento, sendo um motivador adicional no processo de consultoria de imagem, necessário na vida de qualquer ser humano. É importante frisar que os profissionais em consultoria orientam e auxiliam cada pessoa a encontrar seu estilo pessoal, potencializar suas qualidades e criar a sua identidade visual com coerência com sua personalidade, para que se possa transmitir ao mundo o que a pessoa deseja.

Acredito que a crescente busca pelo autoconhecimento emocional irá agregar mais aos serviços de consultoria de imagem. Contudo, as orientações de uma consultora profissional, com uma visão no contexto emocional, podem ter um melhor resultado de autoestima e imagem.

Por fim, espero que este trabalho seja uma grande ferramenta para as clientes que buscam melhorar sua imagem alinhando suas emoções, contribuindo para seu conhecimento, através da inteligência emocional. Sim, é possível e eu convido você para um próximo nível. Vamos juntas elevar e lapidar o diamante que existe dentro de você. Entre em contato comigo, quero estar com você nessa jornada.

Referências bibliográficas

GOLEMAN, D. *Inteligência emocional*: a teoria revolucionária que redefine o que é ser inteligente. Rio de Janeiro: Objetiva, 1995.

SOUZA, J. *Gramática da consultoria de imagem*. São Paulo: Estação das Letras e Cores, 2023.

SOUZA, J.; RABELLO, L.; AURIANI, M. *Comunicação e cultura de moda, imagem e estilo*. São Paulo: Editora Reflexão, 2016.

"Sim, é possível se amar e transmitir o que realmente se deseja com uma imagem firme e segura de si, com coerência, clareza e consistência."

Vanessa Monteiro

Vanessa Ragazzi

Sou Vanessa Alquezar Peixoto Ragazzi, tenho 43 anos, sou ariana nata e nunca tive muito medo de nada. Direta e sincera até demais. Sou uma transformação ambulante e gosto disso. Essa transformação sempre esteve presente no meu dia a dia.

Já fui de monitora de buffet infantil a vendedora de joalheria de luxo, passando por comissária de voo, coordenadora de eventos e hoje meu propósito é ajudar mulheres de alguma forma. Como consultora de imagem e especialista em Autoestima, entendi que a transformação começa em nós e começa dentro.

Após um divórcio, a maternidade e um diagnóstico de câncer de pulmão, a transformação literalmente começou em minha vida.

Estou aqui para dividir um pouco da minha experiência com você e, se eu puder tocar seu coração em algum momento, já cumpri minha missão.

vanessaragazzii

27 A SAÍDA É PARA DENTRO

Por Vanessa Ragazzi

Filha única de uma família muito feliz e estruturada, nasci em 1981 e vivi uma infância e uma adolescência repletas de amor, carinho e cuidado. Nessa época, não tive nenhum grande problema ou trauma, realmente a minha vida era muito boa e sou imensamente grata aos meus pais por isso.

Eu sempre quis um irmão, mas, para compensar, tenho nove primos por parte de mãe e quatro por parte de pai, então minha infância não foi afetada pela falta de irmão, pois sempre convivi muito com todos esses primos e primas que eu amo demais.

Na adolescência, eu não era a mais popular da escola, mas também estava longe de ser a mais tímida. Sempre pratiquei esportes e, por ser alta, me destacava em alguns deles, o que me favorecia.

Mesmo sendo filha única, meus pais nunca foram superprotetores, daqueles que não deixam fazer nada; pelo contrário, eles eram superabertos e me deixavam livre para fazer minhas escolhas.

E assim tomei minhas decisões mais sérias, cursei faculdade de Turismo, iniciei a vida adulta trabalhando com eventos e a vida foi seguindo seu fluxo. Com 23 anos, fui morar com um namorado. Não deu certo e menos de um ano depois voltei para casa dos meus pais. Com 27 anos, entrei para a aviação e fui ser comissária de voo. Até esse momento, eu corria atrás de absolutamente tudo o que eu desejava em minha vida, batalhava e conseguia. Como eu falei na minha apresentação, sou uma ariana nata e minha autoconfiança sempre foi uma forte aliada na minha caminhada.

Naquela época, entrar na Tam Linhas Aéreas não foi fácil e fiquei muito feliz com esse feito. Nessa empresa, conheci meu primeiro marido, com quem namorei por seis anos e nos casamos; tudo lindo do jeito que tinha que ser. No mês que completaríamos nosso primeiro ano de casados, ele me chamou para conversar, disse que não estava feliz e que queria se separar.

Bummmmmm! A primeira bomba no castelo de Vanessa tinha sido arremessada. O meu mundo parou e tudo desabou! Sim, foi o caos; nos separamos e tudo o que tinha planejado, sonhado, desejado se foi com ele. Senti algo que nunca havia experimentado anteriormente, que só fui entender e dar o nome certo após muito autoconhecimento e anos depois: o sentimento de rejeição.

Mas como sou muito prática, tratei de seguir a minha vida. Em meio a todo aquele caos interno, conheci outra pessoa, que me tocou no primeiro momento pela minha fragilidade maior: vontade de ter filhos. Bingo! No mesmo ano em que meu primeiro marido saiu de casa, meses depois comecei a namorar com Rodrigo Ragazzi, meu atual marido, a pessoa mais generosa que já conheci na vida e pai da minha filha maravilhosa, Lara. Com um ano e meio de namoro, engravidei. Ficamos muito felizes e surpresos com a rapidez, pois eu já tinha 36 anos e achei que seria mais difícil.

Era um sonho realizado, sempre quis ser mãe; porém, nenhuma mulher está preparada para a maternidade até se tornar mãe e comigo não foi diferente. Sempre fui muito independente, gostava de sair, passear, viajar. Quando me vi com uma bebê dentro de casa, sem tirar o pijama por meses, quase enlouqueci.

Minha mãe sempre foi muito presente e é até hoje; ela continua me salvando e me ajudando muito (te amo, Tania!). Mesmo com toda ajuda, tive momentos de desespero e aquela vontade de "ter a minha vida de volta", apesar do maior amor do mundo estar na minha frente em forma de bebê. Eu vivi um misto de sentimentos muito maluco que perdurou entre altos e baixos por uns dois anos.

Eu sou de São Paulo e sempre morei lá. Com a chegada da Lara, nosso apartamento ficou pequeno e decidimos nos mudar. Após considerarmos alguns locais, decidimos nos mudar para São

José dos Campos. Em dezembro de 2019, nos mudamos. Foi uma das decisões mais acertadas das nossas vidas.

Em 2020, veio a pandemia e, graças a Deus, estávamos em um apartamento maior e bem instalados. A essa altura, minha vida profissional estava estagnada, parei de trabalhar com a chegada da Lara, mas antes da mudança fiz um curso de Consultoria de Imagem, pois sempre gostei de moda, queria aprender um pouco mais desse meio e entendi que precisaria de algo que fosse mais flexível com horários.

Em novembro de 2020, eu precisei fazer uma cirurgia plástica para trocar minha prótese de silicone que havia rompido. Ao fazer exames pré-operatórios, descobri uma mancha no pulmão. Eu tinha certeza de que era por conta da covid-19 (que eu já tinha tido), mas não... Veio o diagnóstico e era um câncer no meu pulmão esquerdo.

Bummmmmm! Mais uma bomba, que dessa vez destruiu o castelo de Vanessa que já estava meio capenga. Literalmente, zerei a vida e, a partir desse momento, tudo mudou. Com a graça de Deus, fiz quimioterapia, cirurgia, radioterapia e imunoterapia. Encontrei médicos e pessoas maravilhosas e estou ótima. Já se passaram três anos e hoje faço apenas acompanhamento a cada seis meses, até a remissão completa que se dá quando completar cinco anos.

Sou muito grata a Deus por ter me permitido continuar viva; aos meus pais e ao meu marido, que em momento nenhum fraquejaram e seguiram firmes comigo na fé e na absoluta confiança de que tudo ia dar certo; a toda minha família e amigos que rezaram por mim e pela minha filha, que mesmo sem entender foi minha motivação diária para enfrentar tudo de cabeça erguida, como sempre fiz.

Eu tive em todo momento a certeza de que essa doença não estava ali para me matar e sim me ensinar e me aproximar de Deus, da minha fé. E assim foi, sigo aprendendo a cada dia e humildemente tentando seguir os ensinamentos de Jesus e do nosso Deus. Obrigada, meu pai, por tanto!

Enfim, cara leitora, essa foi a introdução para eu chegar até aqui. Após esses episódios principais da minha história, aquela Vanessa autoconfiante, determinada e que sempre conseguiu tudo o que queria se perdeu. Eu não me reconhecia mais e não entendia o que estava acontecendo comigo. Não era mais eu, eu não tinha mais aquela vontade de fazer as coisas, de conquistar algo... Não me sentia capaz. Sentia um vazio e a sensação era de que nunca mais eu seria aquela Vanessa confiante e destemida que eu sempre fui, principalmente na área profissional.

Demorou muito e até hoje sigo nessa trajetória do autoconhecimento, que é uma estrada muito linda e sem fim, que todas nós devemos percorrer. Foi meu marido quem me apresentou esse universo do autoconhecimento e sou grata a ele por isso também. Fomos em eventos, fiz muitos cursos e após tudo isso que vivi fui me aprofundando. Quanto mais nos conhecemos, mais precisamos conhecer e mais fundo temos que ir.

Resolvi, depois de algumas tentativas profissionais frustradas, voltar a atender mulheres com a consultoria de imagem e análise de coloração pessoal, que sempre gostei muito de fazer, mas ainda não estava feliz. Achava tudo muito raso; eu queria ajudar mais essas mulheres que precisavam de mais do que somente conhecer sua paleta de cores e melhorar sua imagem. Era preciso aliar a transformação externa com a interna. Foi aí que me especializei em Autoestima e Autoconfiança. Ao fazer essa especialização, nós também passamos pelo método e foi transformador para minha vida.

Eu mergulhei dentro de mim e descobri coisas que jamais imaginei; como de tanto amor e carinho que recebi desde criança, eu criei uma ferida da superproteção e isso impactava na minha vida em decisões e ações que deixo de tomar porque "não cresci". Esse é apenas um dos exemplos práticos que fui descobrindo ao longo dessa viagem interna. Aquele sentimento de rejeição do meu divórcio também caminhou comigo durante anos e impactou na minha vida de formas bem aleatórias, que eu nem fazia ideia e só fui parar de sofrer com isso quando tomei conhecimento e ressignifiquei o sentimento.

Hoje atuo como consultora de imagem, especialista em autoestima e ajudo mulheres a se transformarem de dentro para fora ou de fora para dentro. Tenho uma mentoria que se chama RMP (Reprogramação da Mulher Potente), que trata de todos esses aspectos buscando a potência perdida de cada mulher. Portanto, se existe algo que posso deixar aqui neste livro como uma mensagem positiva para você, algo que possa agregar e melhorar a sua vida é: **se conheça**!

- Não tenha medo de mexer nas suas feridas antigas. Vai doer, mas elas só irão se curar se você se permitir mexer nelas.
- Volte ao passado e cure seus traumas. Tenha certeza de que sua vida só vai andar se você voltar lá atrás primeiro.
- Libere seu pai e sua mãe de toda e qualquer coisa que tenha lhe acontecido. Eles fizeram o melhor que podiam e, se não fizeram nada de bom, eles lhe deram a vida e isso já é um bom motivo para você ter gratidão por eles. Isso pode liberar o fluxo da sua vida.
- Cuide do seu corpo e da sua imagem. Eles refletem o amor que você tem por si e por quem lhe criou.
- Jesus deixou os 10 mandamentos para seguirmos e os dois primeiros são:

  1. Amar a Deus sobre todas as coisas.
  2. Amar ao próximo **como a si mesmo**.
- Ame-se! Valorize-se! O amor-próprio é remédio e a cura para muitos dos nossos problemas. Quanto mais você se amar e reconhecer o seu valor, mais se sentirá merecedora de receber isso das pessoas e do mundo.
- Escolha se amar e confiar em você todos os dias ao acordar. Você é incrível e merece viver o extraordinário.
- Acredite em Deus e em você!

Gratidão por esse momento de mais uma conquista. Nunca pensei em escrever um livro e aqui estou. Obrigada!

Helcio, Tania, Rodrigo, Lara, toda minha família e amigos, vocês me fizeram ser quem sou e tenho muito orgulho disso. Vocês fazem e farão parte da minha vida para sempre. Amo vocês!

"A vida começa a
fazer sentido quando
descobrimos que a
saída é para dentro.
O autoconhecimento
liberta, e o
amor-próprio cura."

Vanessa Ragazzi

Vanessa Reis

Sou Vanessa Reis, natural de Osasco/SP e atualmente resido em Barueri/SP com minha família: meu esposo Adriano Reis, com quem sou casada há 18 anos, e nossos filhos, Pedro e Sarah. Sou psicóloga, pastora, escritora e mentora, especializada em autoestima e confiança. Criei o método "Confinamento do Meu Casulo", que já auxiliou centenas de mulheres em suas jornadas de transformação, ajudando-as a descobrir sua verdadeira essência. Minha experiência pessoal de superação e autoconhecimento me motiva a guiar outras mulheres a voarem mais alto. Minha trajetória une minha história familiar e sucesso profissional. Para mais informações e insights, siga-me nas minhas redes sociais:

psicovanessareis

vanessareisoficial

+55 (11) 96854-7789

psicovanessareis@gmail.com

28 LIBERTE-SE: SEU CASULO E O PROCESSO DE TRANSFORMAÇÃO

Por Vanessa Reis

Libertar-se de si mesma. À primeira vista, a expressão parece contraditória. Como alguém pode se aprisionar em sua própria vida? Esta é uma pergunta que eu, Vanessa, me fiz inúmeras vezes durante minha trajetória. Minha história é uma jornada de transformação, repleta de desafios, medos e conquistas. Ao refletir sobre minha vida até agora, percebo que cada obstáculo e reinício moldaram a mulher que sou.

Filha de Erivan e Lúcia, nordestinos que trouxeram consigo a força e a resiliência típicas de quem enfrenta dificuldades com esperança, fui impulsionada pelo desejo de ajudar minha família desde os 11 anos. Minha infância foi marcada pelo trabalho: cuidei de crianças, vendi tapiocas nas ruas, vendi brincos e desempenhei diversas funções ao longo dos anos. Sou a primogênita de três filhos, com dois irmãos, Tiago e Samara. Cada experiência me ensinou lições valiosas, embora muitas vezes me sentisse limitada por essas ocupações. Essa história não é apenas sobre luta, é também sobre pequenas vitórias que, ao se acumularem, criaram um impacto profundo no meu desenvolvimento pessoal.

Com apenas 15 anos, comecei a namorar Adriano e, aos 18, nos casamos. Desde o início de nossa jornada juntos, percebi que a vida nos ofereceria inúmeras oportunidades de crescimento e aprendizado, mas minha jornada rumo ao autoconhecimento foi longa e desafiadora. Percebi que minha maior inimiga era eu mesma e precisei me libertar dessas amarras para progredir. Queria construir algo ao lado do meu marido, não ser apenas uma sombra dele.

Venci a timidez que me acompanhou por muitos anos. Era extremamente tímida e não confiava em mim. Sempre achei que as pessoas não dariam crédito ao que eu falasse, o que frequentemente me deixava em silêncio. Foi um processo doloroso reconhecer essa falta de confiança e a necessidade de superá-la. Acredito que a transformação começou quando percebi que minha voz tinha valor e que eu tinha o direito de me expressar. Essa mudança não veio da noite para o dia, mas foi um passo essencial no meu caminho para a liberdade pessoal.

Um grande desafio que enfrentei foi a dislexia. Percebi sozinha que precisava desenvolver uma forma de aprender que funcionasse para mim. Durante muito tempo, acreditei que era "burra". Essa ideia só mudou quando, na segunda série do primário, repeti a turma por conta da dificuldade com a leitura. Com o tempo, descobri que, para entender um livro, eu precisava ouvir minha própria voz. Essa foi uma grande mudança, um divisor de águas que me ensinou que eu simplesmente aprendia de maneira diferente das outras pessoas. Essa nova percepção me libertou do rótulo que havia me imposto e me encorajou a buscar meus objetivos sem limitações.

Hoje, resido em Barueri/SP com meu amado esposo, Adriano Reis, com quem sou casada há dezoito anos, e nossos filhos, Pedro e Sarah. A maternidade teve um papel fundamental em minha transformação. Ao longo dos anos, fui privilegiada com a oportunidade de acompanhar o crescimento e desenvolvimento de meus filhos, o que também me proporcionou um profundo aprendizado sobre amor, resiliência e superação. Eles são a razão pela qual continuo me esforçando para ser a melhor versão de mim mesma.

Em um momento de determinação, decidi tirar minha habilitação, mesmo que o medo ainda me dominasse. Por nove anos, a habilitação ficou guardada, pois eu simplesmente não acreditava em mim. Sentia-me perdida, sem direção. Entretanto, um dia acordei com a determinação de mudar isso. Eu precisava conquistar algo para mim mesma. Em julho de 2018, disse ao meu esposo que ingressaria na faculdade de Psicologia e ele se animou para entrar comigo em junho do ano seguinte. Entendíamos que conhecer melhor o comportamento humano nos ajudaria a cumprir nossa missão de vida.

Entretanto, o grande teste da minha vida ocorreu em 29 de dezembro de 2019, quando meu marido sofreu um AVC hemorrágico grau 4 agudo e foi desenganado pelos médicos. No entanto, eu sabia que o Deus do impossível estava conosco. Oramos e confiamos e, para a surpresa de todos, ele se recuperou sem sequelas. Essa experiência dolorosa me ensinou que até nas circunstâncias mais difíceis existe uma razão para continuar lutando. Adriano se tornou um exemplo de resiliência, destacando a beleza que pode surgir de momentos sombrios.

Após essa prova, ainda enfrentamos novos obstáculos, incluindo um aneurisma e uma síndrome chamada moyamoya degenerativa. Após três cirurgias sem sucesso, meu esposo foi liberado para casa. Eu não dormia, precisava ser forte para cuidar da casa, dos filhos, da faculdade e da igreja. Uma força inexplicável me impulsionava a não desistir e busquei outros especialistas. Durante uma cirurgia, o aneurisma rompeu, desencadeando outro AVC. Mas também vencemos essa batalha e meu marido teve alta, mesmo sem ter feito fisioterapia; o que Deus realizou em sua recuperação é inexplicável.

Os médicos neurologistas, após uma série de avaliações, não conseguiram entender como Adriano não apresentava mais a doença degenerativa. Ele tem três laudos mudando seu diagnóstico, uma certeza de que estava sob a intervenção divina e um novo milagre em sua vida. Essa recuperação é mais uma evidência do poder de fé e esperança em nós.

Após o AVC, meu marido enfrentou uma depressão profunda, mas a psicoterapia o ajudou a dar a volta por cima. O psicólogo disse: "Se não foi um AVC que matou você, não queira se matar; pegue a caneta da sua história e volte a escrever". Essas palavras foram um divisor de águas que ressoaram profundamente. A paixão pela Psicologia cresceu ainda mais em mim, uma vez que percebi que o remédio que prescrevemos não se encontra na farmácia, mas na capacidade de reescrever nossas histórias.

Minha missão agora é ajudar outras mulheres que se sentem perdidas a encontrarem seu caminho. Você pode superar suas escolhas do passado, assim como eu fiz, e estou aqui para ajudá-la a trilhar esse caminho. Durante minha jornada, percebi que até mesmo as borboletas precisam passar pelo confinamento dos casulos para emergir com beleza e graça.

É importante lembrar que quem tenta ajudar uma borboleta a sair do casulo a mata. Da mesma forma, quem tenta ajudar um broto a sair da semente o destrói. Há certas coisas que não podem ser apressadas; elas têm que acontecer de dentro para fora. Essa é uma verdade que ecoa em nossas vidas e nas experiências de todos que cruzam o meu caminho.

Muitas vezes, observamos pessoas e só conseguimos ver o casulo escuro, sem olhar para o que existe de belo dentro delas. Perdemos a chance de ver a beleza encantadora que cada ser humano tem. Devemos observar sem pressa, pois existem muitas borboletas que precisam voar e outras não aprenderam ainda. O mundo tende a rotular, quando deveria olhar com amor. Você não é todo mundo e pode ser você fazendo o certo. Não julgue, simplesmente ame.

Enquanto continuo essa jornada, percebo que sou uma borboleta em total metamorfose; ora estou vibrante e cheia de cores, ora me escondo de maneira insegura, presa em meu casulo. Eu me tornei borboleta quando percebi que o casulo me sufocava.

Antes de ser borboleta, é preciso:

1. ficar no casulo o tempo necessário;
2. resistir à metamorfose, quando necessário;
3. eliminar os vestígios que aprisionam você;
4. preparar-se para alçar voo.

Essa preparação é um processo essencial de autoconhecimento e aceitação. Você deve se permitir sentir cada emoção que surge nesse intervalo do casulo; é vital não apressar a transformação, mas sim respeitar o tempo que o corpo e a alma necessitam para se reestruturar.

A vida nos ensina que mesmo no escuro, há sempre a possibilidade de renascimento. E, tal como a lagarta que se transforma em borboleta, também podemos nos libertar das amarras que nos limitam. Toda mudança começa com a decisão de se conhecer melhor, de abraçar as vulnerabilidades e de se lançar em direção ao novo.

Libertar-se de si mesma envolve um profundo autoconhecimento, o enfrentamento de inseguranças e a capacidade de se reimaginar. O poder de transformação reside em cada um de nós; por vezes, só precisamos da coragem de explorar nossos próprios limites.

Ao longo dessa jornada, cada passo foi um aprendizado. Ao refletir sobre os desafios enfrentados, percebo quão importante é o suporte emocional e a capacidade de reinventar-se diante das adversidades. Agora, convido você a embarcar nessa jornada de autoconhecimento e libertação. Juntos, podemos explorar essas questões e sustentar a transformação que reside em cada um de nós.

Você tem o poder de reescrever sua vida. Sinta-se encorajada a se permitir voar, buscando as cores e a liberdade que habitam em seu interior. Muitas borboletas podem ainda estar escondidas, esperando o momento certo para se revelarem. E você? Está pronta para descobrir a beleza que existe dentro de si? Vamos juntas alçar voo!

Transformação e renovação

Como nos ensina a palavra de Deus em 2 Coríntios 5:17: "Portanto, se alguém está em Cristo, é nova criatura; as coisas antigas já passaram; eis que se fizeram novas". Essa passagem resume a essência da transformação. Ao aceitarmos a mudança em nossas vidas e ao nos entregarmos a Deus, nos tornamos novas criaturas, prontas para abandonar as amarras do passado e seguir em frente em busca do que realmente somos e do que podemos nos tornar.

E assim como diz em Romanos 12:2: "E não vos conformeis com este mundo, mas transformai-vos pela renovação da vossa mente, para que experimenteis qual seja a boa, agradável e perfeita vontade de Deus." Essa é a verdadeira metamorfose que todos buscamos, em que a transformação não vem apenas do exterior, mas começa dentro de nós, renovando nossas mentes e corações. Muitas mulheres já trilharam esse caminho e se tornaram exemplos de resiliência e força. Você pode ser a próxima borboleta a emergir do seu casulo, pronta para brilhar com todas as suas cores e possibilidades.

Vamos juntas alçar voo!

"Libertar-se de
si mesma é um
ato de coragem
que transforma
limitações em
possibilidades
e revela o
potencial que
vive em você."

Vanessa Reis

Wilza Freitas

Sou Wilza Freitas, 48 anos, de Maringá/PR, mãe da Julia (13) e do Arthur (9). Deus é a base da minha vida e me guiou ao meu propósito atual.

Após doze anos no corporativo, me senti desconectada e decidi me dedicar à maternidade. Enfrentei crises de ansiedade, pânico e depressão e, durante o tratamento, mergulhei em estudos de autoconhecimento.

Formada em Administração e Marketing, pós-graduada em Neurociência Aplicada ao Comportamento Humano e especialista em Autoestima e Confiança, sou também multiplicadora do Método Fluxo de Comunicação.

Hoje, como mentora, ajudo mulheres a encontrarem sua essência através do amor-próprio e da autoestima.

wilzafreitas.m

+55 (43) 99964-6107

wilzafreitas.mentorias@gmail.com

Wilza Freitas

29 DA DOR DO ABANDONO À FORÇA INTERIOR

Por Wilza Freitas

Cresci em uma família que exigia perfeição e obediência, em que a pressão para fazer sempre o certo era constante. Errar era sinônimo de fracasso. As expressões das minhas vontades genuínas eram sempre questionadas, o que me deixava insegura em me manifestar, com medo da repreensão e de não atingir a perfeição que esperavam de mim. Minha mãe, sempre presente, mas crítica e rígida, muitas vezes fazia-me sentir insuficiente e não escutada. Havia uma pressão constante para ser perfeita, o que acabou por me reprimir, criando em mim uma armadura de timidez. No fundo, eu era uma criança falante e alegre que, por trás dessa máscara, desejava expressar-se, mas se sentia insegura.

Meu pai, por outro lado, parecia compreender minhas fraquezas, mas sua rigidez e exigência de perfeição me colocavam constantemente em uma posição de abandono. Eu nunca sabia o quanto era suficiente ou capaz de agradá-lo. Essa busca incessante por aprovação e perfeição se tornou uma constante em minha vida, levando-me a carregar o fardo de tentar dar conta de tudo e de todos.

Na fase adulta, essa pressão se intensificou. Casei-me e entrei em um relacionamento em que o amor, o carinho e o apoio emocional eram escassos. Sentia-me cada vez mais abandonada, tanto pelo meu marido quanto pelo meu pai. A ferida do abandono tornou-se insuportável, resultando em crises de ansiedade, pânico e, eventualmente, em depressão. A sensação de incapacidade e o medo de tomar decisões difíceis me paralisaram, levando-me a aceitar a infelicidade como algo normal.

Na vida adulta, o peso da aprovação alheia continuou a reger minhas escolhas. Eu tomava decisões, mas sempre esperava a validação dos outros, uma necessidade constante de apoio que me fazia sentir aceita. Embora meu pai tivesse sido uma figura protetora, sua exigência de perfeição sempre me deixou insegura sobre o quanto eu era suficiente. Quando finalmente percebi que não conseguia atingir suas expectativas, a ferida do abandono se abriu ainda mais, levando-me a crises de ansiedade e, eventualmente, a depressão.

A chegada dos meus filhos trouxe novas responsabilidades e desafios. Quando meu segundo filho nasceu prematuro, eu me vi sozinha, tendo que lidar com tudo sem o apoio emocional do meu marido, que estava sempre ausente, física e emocionalmente. Isso agravou ainda mais o sentimento de abandono, pois, apesar de poder expressar meu cansaço, não recebia o conforto ou o apoio que tanto desejava. Sentia-me fraca e incapaz, como se fosse minha culpa não dar conta de tudo e, ao mesmo tempo, ver meu casamento desmoronar sem brigas, mas também sem amor, carinho ou atenção.

Tudo isso culminou em um *burnout*, uma exaustão física e emocional que me fez questionar minha capacidade de continuar. Foi então que, durante uma crise de depressão, percebi que não podia continuar assim. Eu precisava mudar, precisava encontrar uma saída. Foi nesse momento que decidi mergulhar no autoconhecimento, em busca de respostas e de uma maneira de acelerar meu processo de cura. Eu queria entender como tinha deixado minha vida chegar àquele ponto e, mais importante, como poderia mudar.

O estudo do autoconhecimento sempre foi algo que me interessou. Quando jovem, queria ter cursado Psicologia, mas a vida me levou por outros caminhos. No entanto, nas sessões de psicanálise despertou em mim o desejo de buscar entender ainda mais as minhas dores e a origem do meu sofrimento, logo após, deparei-me com a certificação da Bruna, que acabou sendo um divisor de águas na minha vida. Foi através da Especialização em Autoestima e Confiança que descobri o caminho, onde comecei a perceber que a autoestima não depende das condições externas, mas sim de uma decisão interna, um olhar profundo para dentro de nós mesmos.

Esse foi o início de uma transformação profunda em minha vida. Compreendi que minha autoestima não podia depender da aprovação de outras pessoas nem das condições que a vida me impôs. Eu precisava parar de buscar fora o que só poderia encontrar dentro de mim. Passei a entender que a infância, com todas as suas dores e desafios, não poderia continuar sendo uma prisão ou uma sentença para minha vida adulta. Era hora de olhar para mim mesma com amor, reconhecer as feridas e dar a mim mesma o que tanto faltou.

Ao longo desse processo de transformação, percebi que as feridas da infância estavam profundamente enraizadas em minhas crenças e comportamentos. Não foi fácil admitir que eu tinha permitido que essas experiências moldassem minha identidade e limitassem meu potencial. Mas, ao fazer isso, comecei a entender que era possível reconstruir minha história. Eu não precisava ser uma vítima das circunstâncias. Comecei a me questionar: o que é que eu realmente quero para a minha vida? Que tipo de pessoa eu quero ser? Essas perguntas simples, mas poderosas, me levaram a uma jornada de autodescoberta que mudou tudo.

Passei a parar de terceirizar minha felicidade, a não projetar nas pessoas ou nas circunstâncias externas a responsabilidade por minha felicidade. Compreendi que eu era a primeira pessoa a quem precisava dar amor, perdão e valor. Essa mudança de perspectiva foi libertadora, mas não foi fácil. Foi um processo de cura interno que exigiu muita coragem, ação e, acima de tudo, autoconhecimento. No entanto, aprendi que o autoconhecimento, por si só, não liberta ninguém. O que realmente liberta é a ação, é a mudança de comportamento.

Comecei a me tratar como uma pessoa importante, alguém de valor e digna de amor. Essa mudança interna se refletiu em todas as áreas da minha vida. Passei a olhar para mim mesma com novos olhos, com compaixão e amor-próprio. Descobri que, ao me tratar bem, estava ensinando aos outros a me tratarem da mesma forma. Não era mais uma questão de esperar que o mundo ao meu redor mudasse, mas sim de fazer as mudanças dentro de mim.

À medida que avançava nessa jornada de autodescoberta, percebi que o que mais me segurava eram as expectativas que eu mesma tinha criado. Havia essa ideia de que eu precisava ser perfeita, forte o tempo todo e que qualquer sinal de fraqueza era inadmissível. Mas quando comecei a me permitir ser humana, a aceitar minhas imperfeições e a ser gentil comigo mesma, as coisas começaram a mudar. Não foi uma mudança instantânea, mas cada pequeno passo que dei em direção ao autocuidado, à compaixão por mim mesma, e ao perdão, teve um impacto profundo em como eu me via e como me sentia.

Foi um processo longo e desafiador, mas, aos poucos, fui reconstruindo minha autoestima e, com isso, minha vida começou a se transformar. Aprendi a dizer "não" quando necessário, a colocar limites saudáveis e a priorizar meu bem-estar. Ao resgatar meu valor e minha autoestima, parei de aceitar menos do que merecia e comecei a exigir mais de mim mesma. Passei a ver que a verdadeira transformação começa dentro de nós e que, ao nos amarmos, inspiramos os outros a fazerem o mesmo.

Um dos aspectos mais importantes dessa jornada foi minha intimidade com Deus. Durante os momentos mais difíceis, quando a dor parecia insuportável, foi essa conexão que me sustentou. Através do amor divino, pude encontrar forças para me levantar, para perdoar, para seguir em frente. Aprendi que nossa autoestima está profundamente ligada ao amor de Deus, o maior amor de todos. Foi essa conexão que me permitiu encontrar o caminho para a cura e a transformação.

Hoje, conduzo meu trabalho com base nesse amor divino. Ajudar outras mulheres a resgatarem sua autoestima, a se reconectar com sua essência e a transformar suas vidas é a missão que Deus colocou em meu caminho. Sei que a transformação é possível, porque eu vivi isso. Sei que o amor-próprio é o primeiro passo para uma vida plena e feliz, e que cada uma de nós tem o poder de se dar o que faltou, de curar as feridas do passado e de construir um futuro melhor.

Percebi que, ao ajudar outras mulheres a se reconectarem com sua essência, também estava fortalecendo minha própria jornada de cura. Cada história que ouvi, cada vitória que celebrei ao lado dessas mulheres, reforçou em mim a crença de que somos capazes de superar qualquer adversidade, desde que estejamos dispostas a olhar para dentro de nós e a fazer o trabalho necessário. A jornada do autoconhecimento e da transformação é contínua, e sou grata por poder compartilhar minha experiência, sabendo que ela pode inspirar outras pessoas a iniciarem suas próprias jornadas.

A história que compartilhei é um testemunho de que, por mais difíceis que sejam os desafios que enfrentamos, a mudança é possível. A transformação que busquei não veio de fora, mas de uma decisão interna, de olhar para dentro e reconhecer o poder que tenho de mudar minha própria vida. Hoje, não sou mais a menina que espera aprovação dos outros. Sou uma mulher que conhece seu valor, que se ama profundamente e está disposta a se cuidar e a se dar o que precisa, sem esperar validação externa. Aprendi a preencher meus próprios vazios com amor, autocompaixão e respeito pelas minhas necessidades.

Convido você, que está lendo esta história, a fazer o mesmo. Acredite em seu valor e busque dentro de si a força necessária para superar qualquer desafio. Não subestime o poder de decidir por si mesma e de não terceirizar sua felicidade. Ame-se, cuide-se, respeite-se. Valorize-se a ponto de não aceitar menos do que merece. A transformação começa em você, e ao dar esse primeiro passo, você se abrirá para uma vida cheia de possibilidades, crescimento pessoal e uma felicidade genuína que vem de dentro.

Este livro, escrito por 29 mulheres que enfrentaram suas batalhas e emergiram mais fortes, celebra nossas jornadas e inspira você a buscar sua cura, resgatar sua autoestima e viver a vida que merece. Hoje é o momento de acender sua luz interior e se lembrar da força poderosa que você carrega dentro de si.

"Cada dor é
um convite à
transformação,
permitindo que
você se torne
a versão mais
autêntica de
si mesmo(a)."

Wilza Freitas

EDITORA
CHAVE MESTRA®

Instagram: @editorachavemestra

E-mail: editora@editorachavemestra.com.br

Site: www.editorachavemestra.com.br